Beyond Late Development

Taiwan's Upgrading Policies

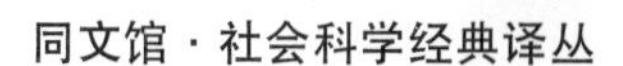

超越后进发展

台湾的产业升级策略

〔美〕爱丽丝·H. 安士敦 瞿宛文 著

朱道凯 译

瞿宛文 校订

北京大学出版社
PEKING UNIVERSITY PRESS

著作权合同登记号　图字:01－2013－8965

图书在版编目(CIP)数据

超越后进发展：台湾的产业升级策略/(美)安士敦(Amsden,A.)，瞿宛文著;朱道凯译.—北京：北京大学出版社,2016.3

(同文馆·社会科学经典译丛)

ISBN 978－7－301－26814－8

Ⅰ.①超…　Ⅱ.①安…②瞿…③朱…　Ⅲ.①产业结构升级—研究—台湾省　Ⅳ.①F127.58

中国版本图书馆CIP数据核字(2016)第009736号

Beyond Late Development：Taiwan's Upgrading Policies/Alice H. Amsden and Wan-wen Chu.

ISBN 0－262－01198－0

书　　名	超越后进发展——台湾的产业升级策略 Chaoyue Houjin Fazhan
著作责任者	〔美〕爱丽丝·H.安士敦(Alice H. Amsden)　瞿宛文　著 朱道凯　译　瞿宛文　校订
责任编辑	贾米娜
标准书号	ISBN 978－7－301－26814－8
出版发行	北京大学出版社
地　　址	北京市海淀区成府路205号　100871
网　　址	http://www.pup.cn
电子信箱	em@pup.cn　　QQ:552063295
新浪微博	@北京大学出版社　@北京大学出版社经管图书
电　　话	邮购部62752015　发行部62750672　编辑部62752926
印 刷 者	北京宏伟双华印刷有限公司
经 销 者	新华书店
	730毫米×1020毫米　16开本　13印张　185千字 2016年3月第1版　2016年3月第1次印刷
定　　价	39.00元

简体中文版序言

——纪念安士敦教授

中国大陆自改革开放之后，借由高速增长实现了基本的工业化，并已于2010年成为全球第二大经济体，而先进经济体的经济在2008年全球金融危机后增长乏力，使得中国大陆经济的动向更是动见观瞻。然而自2012年起，中国大陆经济增长的速度开始放缓，因此其增长的前景备受瞩目，而这一前景明显与中国大陆经济能否成功再次转型、产业能否顺利升级密切相关。这显然是一个艰巨的工程，因此也引发了中国大陆经济是否会从此陷入所谓的“中等收入陷阱”而停滞不前的争议。

在这样一个经济转型的转折点上，后进经济体如何发展、产业如何能够升级的相关论述因而更显得重要。而本书正是以中国台湾地区的发展经验为例，来说明产业升级的可能道路，同时，也以此具体案例来呈现一个不同于西方主流的后进发展研究的理论路径，从而提出修正既有经济理论的必要性。

广泛观察战后后进地区这六十多年来的经济增长记录，即会发现所谓的“中等收入陷阱”并不是普遍现象。若要对此记录做出归纳，则应该说情况差异相当大。例如，有些地区（如撒哈拉沙漠以南的非洲）至今仍停留在“低等收入陷阱”,多数并未达到初等工业化,有些拉美国家则在发展到相当水平后停滞不前甚至退后,只有少数地区如东亚能够“持续地”超越各种“陷阱”保持快速增长。

换言之,后进经济体在不同的发展水平,都要面对不同阶段、不同性质的产业升级压力,每一次都必须努力克服困难才能提升发展水平,而现实中并不是每个后进经济体都能够在每次挑战中胜出。在高度竞争的全球市场经济体系中,各个经济体的比较利益位置会不断变化,产业结构也必须随之改变,经济发展才能持续推进,停滞不前就意味着相对落后了。

然而,处于中等收入水平的地区可能容易觉得此回升级较以前阶段困难,亦即虽已达到初步工业化,但还没有先进经济体的先进技术,而工资却已高于更落后者的工资水平。确实,后进地区发展程度提升得越高、与先进经济体的差距越小,升级的难度应会越高。这是因为后进经济体开发程度越低,增长的潜能越大,基本工业化的蓝图也越为清晰;而后进经济体达到的开发程度越高,越接近技术前沿,则自身发展途径的策略选择越具挑战性,先进经济体对其防卫之心会越强,虽说此时后进者所累积的能力也越强了。

这背后其实牵涉了一个关于后进地区要如何才能成功升级的发展经济学的理论问题,而这主要有两种不同的看法,分别属于利伯维尔场学派与结构学派。利伯维尔场学派反对国家干预市场,不认为积极的产业政策可以推动升级,因而强调外在环境等因素,因此有所谓“陷阱”的说法,并认为有时不易克服。而结构学派强调后进发展中国家(地区)中政府角色的重要性,认为在任何发展阶段都要用合宜的政策来改变经济环境以克服所谓的陷阱。

从20世纪70年代后期开始,利伯维尔场论逐渐取代凯恩斯主义,成为现今西方经济学的主流。该学派认为利伯维尔场无疑是最有效率的,自由化是促进增长的最佳或唯一处方。但对于要如何解释后进经济体在增长成绩上的复杂差异,该学派的说法常是规范性的,如认为有些后进经济体发展不佳是因为政府对市场做了太多不当的干预等;或是归因于各种初始条件或要素禀赋;然而最后的解决方案则都是一致的规范性的自由化处方,即后进经济体应该“遵循”比较利益，政府少干预，却没有说如何“改变”或“提升”比较利益，隐含之意是指那是“自然形成”的。

而结构学派学者对此则持不同的看法，他们强调经济发展中国家（地区）中政府的角色，尤其是“产业政策”的重要性，也就是“政府选择性地优先推动某些目标产业”的政策，同时，他们认为东亚之所以能成功发展经济，是因为政府积极推动产业政策，扮演了主导性的角色。结构学派并非反对市场，而是认为后进地区缺乏完善的制度，正是需要政府来协助建立市场制度。而利伯维尔场论者最反对的就是政府代替市场去做出选择，认为政府非不得已要实行管制政策的话，也以不牵涉主观选择的功能性政策为佳，要避免政府制定者必须做出判断的选择性政策，也因此最反对的就是结构学派所宣扬的产业政策。

然而，理论争议最终还是要由现实来检验，至少就第二次世界大战后的后进经济体的经济增长记录而言，发展成绩最优异的东亚地区则明显地高度依赖产业政策，其他成绩较佳地区也都没有依循自由放任的方针。其实，后进地区的经济体为了促进增长而进行干预是普遍现象，后进地区的现代化制度多尚未完善，在缺乏制度支持的情况下确实难以依据自由放任促进增长；各地的差异之处其实在于干预的有效性，而非干预之有无。而东亚成功之道主要在于政策会因应不同发展阶段的需要而与时俱进，并且奖惩并举，在扶植产业时依据绩效标准来规范资本。

因此，中国台湾地区的经济发展经验足以作为结构学派理论的佐证。本书探讨了近二三十年来中国台湾地区的产业升级经验，主要着眼于高科技与现代服务业的发展。然而若观察中国台湾地区战后的发展，可发现其实每一次主要的产业升级，都有赖于合宜的、因时制宜的产业政策的作用。中国台湾地区战后工业化的起点虽不高，但却能不断地发展，持续进行工业深化。在每一个转折点所必须解决的问题都有所不同，而当时都采取了不同的做法，施行了不同的政策，选择了不同的产业部门作为选择性扶植的对象，这些因时制宜的政策是台湾工业得以持续发展的关键因素。

在20世纪50年代前期，中国台湾地区外汇极度缺乏，这是进行轻工业进口替代的时期，而高度干预性的代纺代织政策，在数年内即带来了棉纺织业的自给自足，随后因内部市场有限，产能过剩问题立即浮现，政策随即开始试图推动出口。但出口的大幅增长仍有赖于当局于1958年开始改革外汇贸易制度，将复式汇率改为单一汇率，降低汇率并补贴出口，成为战后落后地区主动由进口替代转向出口导向政策的第一个成功的案例。其他重要创新的相关政策还包括：1954年实施外销品退还原料进口税办法，1965年开始设立加工出口区，1960年通过奖励投资条例以排除投资障碍等。

在推动出口产业增长的同时，为了进行工业深化，也开始推动第二次进口替代，因为在工业化初期，中上游产业资本密集，投资风险较高，有赖于产业政策的及早推动。扶植对象主要是出口产业的中上游原料产业，如20世纪60年代推动石化工业、70年代推动钢铁工业等。此外，70年代还开始推动科技产业。

在每个升级环节，经济发展阶段及整体环境都已有所变化，并且所要推动的领导部门的产业特性也不相同，因此就如何改变价格、改革环境并提供适当的诱因而言，都必须有不同的、因时制宜的政策作为。然而基本原则是以促进产业的全球竞争力为目标，来施行“有期限、有条件”的保护政策。战后数十年来，台湾制造业中各个次产业净值份额变化甚大，显示出产业变迁甚为快速，而每次变迁都意味着升级的挑战，政策措施也必须与时俱进。

例如，在推动石化业与钢铁业时，民营企业尚无意愿投资，因此都由公营企业来担纲。而到了推动电子业时，当局了解到这一产业的性质甚为不同，除研发比重高之外，产业变化速度特别快，不适合由在经营上自主性高度受限的公营企业来负责，因此就改变了做法。先是于1974年设立由公营部门经费支持的工业技术研究院，由其来协助技术引进、开发以及培育人才。而后由工业技术研究院电子工业研究所负责第一个集成电路技术引进案。在该计划成功实现并可以开始商业运转时，则将电子工业研究所负责此部分的人员与设备独立切割成一家“衍生公司”，并引进非官方的资本，使得该企业在形式上非公有股主导，不必受限于管理公营事业的规章制度。此后这一“工业技术研究院电子工业研究所衍生公司”模式就一再被重复使用，包括今日台湾最重要的台积电公司就是这一模式最成功的产物。

此外，其他与推动电子业相配合的产业政策新措施，还包括于1980年设立新竹科学园区，以及在20世纪80年代中期大力扶植创投产业等。新竹科学园区提供税收优惠与集中有效的行政服务，且有较为严格的进入门槛，成功配合产业发展的步骤，并与坐落于附近的工业技术研究院、台湾“清华大学”与“交通大学”，共同促进了台湾北部高科技产业集聚的形成。然而，最重要的部分还是产业政策的拟定与施行的机制，“经济部”技术处与工业局偕同工业技术研究院，逐步建立了产、官、学共同参与的决策机制，决定科技项目的经费如何分配在各种计划中，以确保台湾高科技产业能不断地引进技术、跟上全球市场的变化，在全球高科技产业中持续地占据一席之地。

中国台湾地区与韩国是极少数在战后能持续进行产业升级，并在近二三十年来成功地进入了日新月异的全球高科技产业的后进地区。因此，中国台湾地区“如何”成功地升级进入高科技产业的经验，值得仔细探讨。一则可作为其他后进地区的参考，再则，可依据这些新的经验，来推进“后进产业升级”相关的理论性发展，亦即上述讨论已呈现产业政策的关键性角色，这一产业升级的过程仍需要我们整体性地去理解，“后进产业升级”确实需要新的、奠基于实际后进发展经验的理论。这就是我们合作撰写本书的目的。

本书探讨了中国台湾地区近年来产业成功升级，并进入高科技产业及现代服务业的过程，这一过程展现出了挑战西方主流经济理论的实际经验。现今主导性说法认为：后进地区要发展经济就必须开放市场，依赖外资以及本地的中小企业，而政府（当局）最好少干预市场。然而，中国台湾地区的后进升级的历程恰恰与此相反。当局依据产业政策的策略目标与发展进程来控制市场开放的时机，可以说是发展成功的关键；再则，台湾产业升级并非依赖外资，而是主要依赖本地人所有的企业，并且是依赖大中型本地厂商，而非中小企业；同时，在整个产业升级的过程中，尤其是进入高科技产业的过程中，当局的角色至为重要。此外,我们发现既有的厂商理论其实主要适用于先进厂商,必须修正后才能用来解释后进厂商,在制度与组织方面两者都有相异之处,突显出后进经济发展需要新的、不同于既有的理论与视野。

关于本书的内容原书前言已有所介绍,无须在此复述,但要在此说明一下我们这本书出现的来龙去脉,以及此次出版简体中文版的背景。

我虽留学美国并取得经济学博士学位,但一直对主流新古典经济学理论能否解释现实有所怀疑,尤其是质疑其对后进地区经济发展的适用性。回到中国台湾地区后,我开始研究台湾的经济发展经验,发现安士敦教授的相关写作正可以回答我对主流理论的疑问,她所采取的研究路径正合我心,因此开始学习以她的架构来研究中国台湾地区的经济发展,开启了我研究中国台湾地区与东亚经济发展的历程。

在理论渊源上她显然属于结构学派,然而这是一个范围广泛的领域,而她的贡献拓展了这一领域。她对于中国台湾地区与韩国经济发展的研究,是结构学派对于如何解释东亚经验的理论发展的主要构成部分,此部分前文已有所述及。然而,她在方法论上的贡献则尚未得到应有的重视。

安士敦的研究方法和主流经济学派形成鲜明的对比。主流经济学派已先入为主地认定利伯维尔场理论的正确性,问问题的取向只是要来寻找利伯维尔场理论优越性的佐证,方法上则多是以“演绎法”来建立及推导模型以证明该理论的正确性。同时也就不需要再针对个别经济体的发展模式进行研究了,因为这样研究的成果原本就可以预期,那就是成功的后进经济体的发展必是证明利伯维尔场理论的优越性,而失败的案例则必是未曾依循市场原则。如此,个别后进经济体的发展经验也难以对此理论做出贡献。同时,该理论认为“效率”会自然带来发展,因此问问题的取向主要围绕着静态效率,而不是长期动态发展。

与此相反,安士敦尊重现实而非既定教条,她认为对于研究发展的经济学者而言,“如何呈现并解释个别后进经济体的发展经验”是主要挑战,而这一工作要求研究者必须进行归纳分析,先从成功的后进者的工业化经验着手，然后将其抽象理论化并进行比较归纳，如此才能让想要工业化的其他后进者学习这些成功的经验，再下一步则是回到学习者的现实环境，衡量要如何吸取成功者的经验和教训，以使其适应学习者的环境。因此，她在不同维度上进行知性追求：地理上，从东亚到拉丁美洲再到“其他地区”(the rest)；分析层次上，从微观角度到宏观角度，先从企业与产业角度理解个别经济体的环境条件，再在此基础上理解其整体的发展。因此，经济发展理论是一个未完成的工程，所有的后进者都有机会以其自身特殊的经验做出贡献。研究者带着既有理论走入后进经济体，学习理解其发展经验，设法吸取经验教训，并依此拓展及修正既有理论。同时，研究的问题意识源自“发展”，主要的关切点是协助后进经济体发展经济，而不是证实利伯维尔场理论的优越性。如此，个别后进者的发展经验有机会被正面对待及研究，包括它的产业组织、结构与政策。

因为西方率先进行了现代化，相关学问主要以西方模式为标准，然而其他地区已相继追赶西方，并各自以不同方式进行现代化，相关知识其实也需要进行修正，将这些后进发展经验纳入理论范围，因此不少学科其实早已出现将西方现代化模式视为特殊案例的呼声(provincialize Europe)，亦即呼吁不要再将西方模式当作普世原则。同时，长久以来，后进经济体学者也多习惯于将追随西方模式视为理所当然，这样不顾当地文化环境而径自移植的做法，常会带来现代化移植的失败。在经济学领域，则较少见到这样的反思，实有碍于这门学科的发展。而安士敦的研究其实是在这方面推进了这门学科的发展。

20世纪90年代后期，我因安士敦应邀来台开会而与她见面并有所往来，开启了共同合作研究的计划，虽说在此之前已从她的作品中学习她的研究方法，但能合作更是收获甚多。本书就是上述研究方法的实际体现，即以台湾此次产业升级经验为研究对象，虽带着既有理论走入，但一边归纳现象一边修正既有理论，最后则设法吸取经验教训，依此拓展及修正既有理论。

在本书此次合作之后，我们两人虽曾谈及各种后续计划，也曾一起参访上海、北京的一些企业,然尚在试图形成未来研究计划之际,2012 年春却不幸地传来她突然病逝的消息。因她过世前不久还曾提起本书应在大陆出版之事,因此她走后,为了纪念她,我就再次积极进行联系。经由厦门大学李文溥教授介绍,以及贾米娜编辑的积极协助,幸得北京大学出版社同意出版,得以了却她生前的心愿。

最后,我想要指出,安士敦了解到后进地区只有依靠经济发展才能有尊严,就如邓小平所言"发展才是硬道理",可以说是为数不多有此见解的先进经济体的经济学者。例如,促进发展远比近年来国际机构所热心推动的"减少贫穷"计划有效得多,她真诚地期望后进经济体能够发展起来,因为她了解到只有如此它们才能自立自强,而不要再成为先进经济体"人道援助"的对象。这不是说减少贫穷或追求平等不重要,这些目标当然重要,然而只有当后进经济体真的发展了经济后,才能开始自行设法解决这些问题。身为研究自身后进发展经验的经济学者,我能体会到她的初衷,也非常感谢她在这条路上,已经建立了一个不同于主流的研究架构与方向,让我可以学习、运用、修改及拓展。

瞿宛文

2015 年 12 月

前　言

自从20世纪80年代中期以来，在快速成长的后进经济体，观念与现实渐行渐远。在经济发展的议题上，开放市场、增加外资、提高小厂商的地位，以及大幅减少政府对市场的干预，已成为被普遍接受的观念。然而，实际情况却与之背道而驰。中国台湾在过去40年的经济表现，是后进地区中一颗耀眼的明星，电子业是它在90年代的成长引擎，而外商占台湾电子业产值的比例已变得微不足道。大型、本地人所有的“后起者”，才是开创高科技产业的先驱者，而非外资企业或小型、“网络化”的厂商。传统经济的“恐龙”——多元化经营的企业集团，才是建立现代服务业的领导者。虽然外商在服务业中所起的作用已有所增加，但即使是在服务业，以市场占有率来衡量，外商的贡献仍属次要。传统的大企业集团，加上以电子业为基础的新集团，占GNP的比重已显著增加。或许，当局在促进高科技产业和现代服务业上的干预较多也较系统化，甚于促进中级技术产业，但当局对两者使用的政策工具并不相同。市场变得更具竞争性，干预也变得更有选择性。

本书特地从理论面、制度面和政策面去区分观念与现实，但愿有助于全世界的后进经济体增进经济成长及人民福祉。

目 录

第一章 规模

这本书探讨当后进经济体的经济发展到一定阶段，基础工业已经建立，但既未达到世界技术尖端，且不再能够以低廉、非技术的工资取胜时，如何在世界市场上竞争的议题。它们能否保持竞争力，取决于产业升级，或一方面改进中等技术产业的绩效，另一方面更上一层楼，进入技术层次更高的产业。产业升级需要靠一套不同于以往的竞争资产，要建立这些资产则需要修改组织和制度架构，并实施新的规范及控制机制。后进经济体在这个成长阶段，产业升级(upgrading)的关键要素是扩大规模(upscaling)。后进经济体若欲成为中等技术产业的全球重要角色，并在技术虽复杂但非最先进的高科技工业和服务业中竞争，则大企业的成长实属必要。

随着后进经济体更整合在世界经济体之中，更直接暴露于世界经济的盛衰起伏之下，它们也饱受景气循环和产品周期的剧烈冲击，这使得产业升级难上加难。但凡是升级成功的经济体，所经历的经济衰退可能较少、较短也较浅。这是因为产业升级的核心是迅速适应全球需求变化并制造“新”产品的能力。

关于适应速度,各种厂商理论各有不同的着重点,有的强调网络的敏捷性(可增加小企业的弹性);有的强调市场效率(允许资源迅速跨国或跨地区流动);有的强调分层管理的大厂商的优势(其命令与控制系统、雄厚的资金和丰富的知识,使之能够抢先利用新商机)。我们认为,所有关于厂商行为的制度理论皆须修正,才能理解缺乏尖端技术的经济体。不过,相较于其他理论,还是强调大企业之重要性及"先行者"(first mover)优势的理论①,最接近后进经济体的现实。根据这种理论的修正版本,后进经济体若要改进它们在中等技术产业的绩效,同时进入技术层次更高的产业,就必须扩大本经济体的企业组织,更多地投资于管理和技术能力,并且在本经济体内及全球扩张生产规模与范围。第一个做出三管齐下投资(three-pronged investment)——投资于最适化规模的工厂,投资于技术与管理,投资于分销——的后进经济体的厂商,将在世界市场上取得"后起者优势"(second-mover advantage)。一个后进经济体拥有越多的后起者,其经济的表现可能就越好。

后起者的现象亦存在于先进经济体中,被称为"后行者"(late mover)(见 Lieberman and Montgomery,1988,1998)。在新兴高科技产业中,后行者是采取"观望"态度,然后"搭便车"的厂商。不过,先进经济体的后行者与后进经济体的后起者有所不同。先进经济体的后行者通常基于进入市场的时机去与先行者竞争。② 相反,后进经济体的后起者则基于较低成本和不同的技能组合,在世界市场上竞争。

在后进经济体,小厂商也可能一马当先,从经济体外引进世界级的技术。但是在产业升级这件事上,小厂商通常退居大型厂商之后。先进经济体的小

---

① 关于"先行者"优势,详见 Chandler Jr. (1990)及 Chandler Jr. and Hikino(1997)。

② 我们可以如下所示的方式区分发明者(inventor)、产品先驱者(product pioneer)和市场先驱者(market pioneer):(1) 发明者是第一个发明一项专利或技术;(2) 产品先驱者是第一个开发一个可行的模型;(3) 市场先驱者是第一个出售一种新产品。市场先驱者符合先行者的标准定义(Golder and Tellis, 1993)。它也符合我们使用"后起者"一词的定义,换言之,第一个出售一种新的"成熟"产品的后进国(地区)厂商。先进经济体的先行者和后进经济体的后起者有相同的成功原因,两者均是第一个在各自领域内做出三管齐下的投资:投资于最适化规模的工厂、技术与管理,以及营销(Chandler Jr. ,1990)。不过,大部分来自后进经济体的后起者,在自建品牌产品的营销上仍有待努力,后面再讨论这一点。

厂商可能是技术上的先驱者,后进经济体的小厂商则不是,因为它们尚未掌握世界尖端技术。许多小厂商的管理技能相当落后。当一个“新兴”、成熟产业(如电子业),还在第一代的时候,厂商可以从小规模做起。但为了生存,它们必须以非常快的速度扩充规模。然后,到了第二代,既存的大厂商控制新产品周期,运用其财力和计划执行能力去衍生小型新创公司,或用旗下的创投事业去投资独立的新创公司。台湾地区的厂商将制造业迁往大陆,这些厂商有大有小,但只有大厂商才有足够的资源维持在台湾地区的产品开发设施,以便能一再升级。在电子业,厂商不分大小,均从事研究与发展,但研发内容不同。小厂商支配非电子机械制造业,但以该产业占 GNP 的比例来看,该产业已停滞不前。连供应零配件给电子组装厂的小供应商也受制于“一次购足”(one-stop shopping)的合理化趋势,因为各大组装厂商纷纷要求数目更少的供应商提供更多的零配件,以致将“大”的重要性向下推至供应链。当产业发展到第二代或第三代的时候,大部分新创公司或前途看好的小厂商,皆与某个既存的大厂商有某种形式的联系。

从“后进”的定义来看,所有后进经济体,无论大小,一律缺乏最先进的技术。因此,即使在所谓的“高科技”产业,即使有海归学人(“人才回流”)的帮助,后进经济体制造的产品对它们来讲固然很新,但以全球标准来衡量已经成熟。我们从这两个“后进”的决定性特征:相对落后的科技与已经成熟的高科技产品,引申出制约后进经济体产业升级的经济模式。成熟产品的特点是毛利不断下滑,终至微薄如纸的地步。为了生存,后进者必须利用特殊形态的规模经济,并且大量制造。厂商即使在创业时规模很小,也必须迅速扩充产能以达到一个高产出水平,若要做到这一点,就必须建立与计划执行和生产工程有关的资产,并且培养兼顾应用研究和探测开发,或介于两者之间的研发能力,如电子业的一体化设计(integrative design)。

真正会去累积这种资产的组织,通常是本地人所有的组织——民营厂商或政府研究机构,通常在双方的合作之下。在后进经济体的这个发展阶段,投资于竞争所需的资产较符合本地事业的利益,较不符合外国(地区)跨国公司的利益;外商的机会成本高于本地机构。我们认为,除非本地人所有的后起者能够发展起来,否则高科技产业的成长将会趋缓,也不会出现基于对外直接投资(outward foreign direct investment)形式的"全球化"。本地人所有,既是在高科技产业积极创业的先决条件,而且在定义上,也是对外进行外商直接投资(foreign direct investment,FDI)以创造更大规模经济潜能的先决条件。

除非出现一组新的本地厂商,否则全世界拥有跨国公司的经济体总数不会改变,界定世界市场特性的竞争程度也不会改变。如果是这样,则会妨碍世界福祉的进步。

我们从中国台湾地区的两个产业汲取经验证据:电子业和新近自由化的服务业。书中证据引自迄今尚未发表的资料,以及针对个别厂商所做的访谈。以中国台湾经济的耀眼成绩,至少它在2001年全球经济衰退来袭前的杰出表现,其他后进国家(地区)应该会对中国台湾厂商如何升级,乃至台湾当局如何更新产业政策感兴趣。中国台湾地区在20世纪80年代和90年代的GNP年均增长率分别是8.3%、6.3%(见表1.1)。

表1.1 重要经济指标,1971—2000年(年均增长率) 单位:%

年份	经济指标					电子业	
	人口	GNP	人均GNP	出口	工资	产值	出口
1971—1980	2.0	9.8	7.0	29.5	—	—	—
1981—1990	1.4	8.3	7.0	10.0	7.4	14.0	14.8
1991—2000	0.9	6.3	5.0	10.0	2.9	13.0	17.4
1971—2000	1.4	8.1	6.4	16.5	5.0	13.5	16.2

注:实质工资增长率引自主计处网站,http://www.dgbas.gov.tw;电子业产值修正系列由"经济部统计处"提供。

资料来源:CEPD,历年;"财政部",历年a。

迈向大规模厂商的趋势

市场理论正确地预测,先进工业化经济体和后进工业化经济体的产业结构渐趋一致,但对于后进经济体如何在厂商层次完成晋升至更高技术层次的产业升级,却着墨不多。它不曾说明产业升级的媒介是大厂商还是小厂商,是新厂商还是老厂商,是专业化、垂直整合的厂商还是多元化经营的厂商,是本地厂商还是境外厂商。制度理论填补了这个空白,回答了有关厂商层次的议题,但主要是从先进工业经济体的观点来看问题。这两种古典理论对于什么是产业变化的媒介,提供了两个互相矛盾的答案。综观之,一个可以称为杰弗逊学派(Jeffersonian),另一个可以称为汉米尔顿学派(Hamiltonian)。

杰弗逊学派的前身可以追溯到皮埃尔-约瑟夫·蒲鲁东(Pierre Joseph Proudhon,1809—1865),其强调集体与合作。[①] 根据此派观点,规模较小、高度专业化的厂商是进步的媒介。这种厂商由于各自的努力,而能够降低官僚体制的成本,因为结成网络,而能够获得进入新产业所需的速度与弹性。当这些厂商聚集成群时,它们共同创造出"外部经济"(external economies),借此克服内部之不足(根据 Alfred Marshall 的分析;引自 Marshall,1949,vol. 4, chs. 9—13)。外部经济可以促进创新,并增进在国际竞争中所需的效率。

汉米尔顿学派则将现代制造业的成功归功于大企业和内部经济,熊彼特(Joseph Schumpeter)是此派理论的集大成者(Schumpeter,1942)。[②] 此派理论断言,在经济发展的过程中,随着越来越多的实物及人力资本投入制造工作,改变的媒介也变成那些在最小有效规模(minimum efficient scale)的工厂上,

---

① "基本"的劳动法则是分工。另一个与此有关的法则是"集体力量",表现在因结合而产生的"集体"剩余上,这个集体产物并不是个人加强努力的结果,而是当众人的努力结合在一起时所产生的加乘效应(Bartoli,1987,p. 1035)。

② 汉米尔顿本人并没有直接论及厂商的规模或范围经济,但他主张发展中国家的政府政策应改善两者的条件,例如防御外国竞争和选择性的津贴(以及融资上的便利)。详见 Hamilton[1913(1791)]。

在管理层级制度及专利知识资产上，在全球营销及销售系统上，做出“三管齐下”投资的厂商。第一个如此做的“先行者”，坐享“创新利得”(entrepreneurial rents)的优势，优势来自规模经济、新奇的产品与流程，以及可供进一步投资于更新产业的管理技能与资本。[①]

到目前为止，杰弗逊学派已证明是两派理论中较有吸引力的一个。它宣扬个人主义、合作与民主。在美国，小创业家的意识形态尤其甚嚣尘上，而美国的经济理论往往支配着全球理念市场。小创业家被捧成英雄，具有创新、效率、弹性等一切优点。然而，汉米尔顿学派可以说实际统治着现代工业世界。在大部分现代工业，有形之手与内部经济可以说压倒了无形之手与外部经济(Chandler,1977)。无论反整合或更专业化的趋势是否存在，越来越多厂商层次的扩张是采取多元化经营、合并和收购的模式。

当一个产业成熟时，往往变得集中。许多先行者半途而废。但凡是存活下来的，都继续享受较低的成本，知识资产也大幅增加。因此，尽管有“创造性毁灭”(gales of creative destruction)的威胁(Schumpeter,1942)，它们仍保持先行者优势。这些经久不衰的寡头垄断者，仍是后进经济体望而生畏的竞争对手，包括：化学业的赫司特(Hoechst)、拜耳(Bayer)、陶氏(Dow)和杜邦(DuPont)；轮胎业的登路普(Dunlop)、倍耐力(Pirelli)、固特异(Goodyear)和泛世通(Firestone)；汽车业的福特(Ford)、飞雅特(Fiat)、通用(General Motors)和宾士(Mercedes)；电子业的西门子(Siemens)、飞利浦(Philips)、西屋(Westinghouse)和通用电气(General Electric)；机械业的约翰·迪尔(John Deer)、德马格(DEMAG)、埃舍尔-维斯(Escher-Wyss)和奥利维帝(Olivetti)；初级金属业的安纳康达(Anaconda)、阿尔贝德(Arbed)、克虏伯(Krupp)和新日本制铁(Nippon Steel)；电脑业的国际商业机器(IBM)、东芝(Toshiba)、苹果(Apple)和戴尔(Dell)，等等。

蒲鲁东派的观点，在解释后进工业经济体的成功上也同样较受欢迎。中

① 详见 Chandler Jr. (1990), Chandler Jr. and Hikino(1997), Lieberman and Montgomery(1988)，以及 Lieberman and Montgomery(1998)。

国台湾的经济发展尤其被归因于网络、小企业和从加州硅谷返回的美籍华人。[①] 但我们认为,即使在中国台湾,实际情形也并非如此。中国台湾的小厂商(100 名员工或更少)并不特别创新,况且在 1986 年至 1996 年之间,新厂商加入率其实是降低了。电子业被视为支持网络理论最主要的证据,新近自由化的服务业则通常被网络理论完全忽略,但实际上在这两种产业中,小企业已在很短的时间内成长为相当大的企业,进而成为最进步和发展的力量。在中国台湾,本地组装厂享受向本地次组装厂(sub-assembler)购买零配件的好处,大部分次组装厂是中小企业。但这些交易一向是保持适当距离(arm's length)的性质。中国台湾电子业的内部几乎没有任何代工活动,虽然中国台湾的组装业者通常是外部买主的代工厂。

由于入行容易,中国台湾会不断冒出新成立的小企业,寻找新的赚钱途径。有些新创企业未来也许会创造出领先世界的开创性技术。但今天的新创企业比过去更可能与大厂商结合,或成为大厂商的关系事业,或成为大厂商旗下创投子公司的投资对象。

后进经济体的高科技产业靠进口主要周边设备和零配件起家。它们的进口依赖度远高于先进经济体的高科技产业,连进口密集的产业如电子业也不例外(Langlois,1992)。因此,在后进经济体如中国台湾,当局选择性地、系统化地促进进口替代,以确保这类投入的及时供应,并创造地区内的高工资产业。这个过程类似于过去在中等技术产业中的进口替代。不同的是,当局在前后两个发展阶段使用的政策工具不同。高科技产业的催化剂并不是公营企业,而是当局研究机构的衍生企业和科学园区。当局并未提供关税保

---

① 这方面的著作很多,包括 Borrus(1997),Chou and Kirby(1998),Hamilton(1991),Numazaki(1997),以及 Saxenian and Hsu(2001)。根据 Christensen 等人的著作(2001),"中国台湾的经济与之(韩国)相反,散发着一股熊彼特式资本主义的味道。中国台湾公司很少能够像韩国的公司一样,发动一场对全球业者的全面攻击。但它每一年冒出几千家新的私人企业,其中许多抱着分裂市场的策略而来。所以中国台湾几乎毫发未伤地度过最近的亚洲经济危机,并不令人感到意外"(p.92)。遗憾的是,该书作者并未指出哪一家中国台湾的小公司曾经成功地推出一项"分裂"市场的技术。中国台湾在 1997 年亚洲金融风暴中幸免于难,也可能是因为当局尚未自由化金融市场,而不是厂商规模较小。中国台湾在 2001 年景气衰退中的表现,似乎比韩国差得多。

护,而是鼓励研究与发展,那是私人部门攀登技术复杂性的梯阶乃至在世界市场上竞争所不可或缺的。尽管自由化风气弥漫全球,台湾当局仍系统化地规划推动“成长极”(growth poles),而网络和高薪工作已围绕着成长极而生。因此,本地网络是当局领导的,而不是自动自发形成的。

后起者优势

产品成熟度与规模经济

后进经济体开始供应高科技产品与服务时,以世界标准来衡量,那些产品与服务已经在技术上“成熟”了。第一个进入这类产业的后进者,仍可赚取一般水平以上的利润,那是因为当一个成熟产品刚开始在海外生产时,毛利仍然很高。但是,一旦该产品进入量产阶段,利润率通常大幅滑落,因此攫取后起者优势至为关键。

利润率下滑和产品标准化,是利用规模经济的两大诱因。规模经济可以分成三类:(1) 提高生产效率(边做边学,learning-by-doing);(2) 降低单位设计成本;(3) 减少信息和交易成本(这是后进国家或地区所独有的)。

第一种规模经济与平常的生产效率有关,涉及从更长期的生产运转中累积经验,靠更充分的产能利用和大批采购原材料来节省成本。第二种规模经济也与固定成本有关,不过是设计方面的成本。这种普遍性的规模经济不限于后进经济体,不过后进经济体的电子业精通一门独特的设计技能——将许多零配件整合起来组装量产,如掌上电脑、笔记本电脑和移动电话等组装型产品。由于设计和开发模型的成本是固定的,而且不同的客户可以使用相同的设计模组,故产量越大,单位设计成本通常越低。第三种规模经济涉及信息和交易成本,仅适用于后进经济体。后进经济体的企业若要成为国际大厂商的代工厂,本身的规模必须够大。先进经济体的先行者用规模来鉴定国际代工厂的资格(服务业的情形是用规模来鉴定潜在合资伙伴),以便降低自己的风险和监控成本。以个人电脑业为例,中国台湾的代工业者通常必须满足以下条件:占一个先行者全部业务量的某个最低百分比,以及任何单一海外买主占自己业务量的最高百分比。年产量须高达几百万台,才合乎这些条件。因此,规模代表一个潜在代工厂争取 OEM 或 ODM 合同的资格。[①] 合同越大,平均成本越低。向外国(地区)供应商买东西的情形也一样,买主越大,卖方的服务越好。当高科技产品的全球需求暴涨时,关键零配件经常供不应求,这时规模较大的买主可以得到优先照顾。在平时,较大的买主可以获得卖方较多的技术支持,卖方通常是买方洞悉产业技术走向的媒介。接触领先海外供应商的渠道,对后进者极为重要,因为它们起初高度依赖进口零配件,以及随着买卖关系而来的技术转移。

在 2000 年左右,由于先行者开始要求单一代工厂提供更多的产品及售后服务("一次购足"),也因为供应链变得更合理化(连续供应零配件给同一个最终买主的交易次数减少),迫使国际代工厂进一步扩大规模与范围。同样,先进经济体的服务业者彼此合并的结果,也提高了海外合资伙伴的最低可接受规模。先进经济体的厂商变得越大,市场变得越集中,后进经济体的厂商也越大,市场也越集中。就这一点而言,全球渐趋一致(见第二章的讨论)。

技能

后进者需要两种技能,才能晋升为成熟、高科技产业的后起者。首先,它们需要关于新产品的技术知识,以至于一旦该产品成熟,便可投入商业化生产。其次,它们需要计划执行能力和生产能力,如此才能用最低的成本,迅速进入市场。在中国台湾,第一种技能依靠当局,第二种则由企业为之。当局投资于研发及相关机构,使本地厂商可以进入前景看好的高科技产业。当局从自己的研发中心衍生后起者,在科学园区内培育新创企业,并且促进高科技零配件的进口替代,以舒缓供应短缺问题并创造高薪工作(以下及第三章

---

① OEM 是原始设备制造商(original equipment manufacturer),ODM 是原始设计制造商(original design manufacturer)。

有进一步的讨论)。至于私营厂商,则投资于专业管理和工程人才。它们从海外聘请有经验的经理人和工程师,成立庞大的内部自动化部门,投入资金于品质管控和全球运营,并改进一体化设计(此为研发的一部分)。故产业升级需要非常特定的技能。①

扩大规模与提高集中度

后起者的成长途径,起点可以是一笔大投资,也可以从小投资做起。如果一开始投资不大,那么面对潜在的规模经济,增长速度必须极快。除了必须具备计划执行技能之外,增长速度多快,还得看资金、人力资源和已解密的技术是否到位(依产品成熟度和政府或当局资助的研发而定)。只要能取得这些资源,厂商就可以迅速由小长大(即使不考虑购并一途;购并在中国台湾日渐风行,虽然仍受到法规限制)。

这种扩张的媒介,在先进和后进工业经济体是不同类型的厂商。在先进工业经济体,新公司的发迹通常是靠一个开创性的发明(例如装配线之于福特汽车,电话之于爱立信,集成电路之于英特尔)。后进经济体至今尚无开创性的发明去吸引资金和其他资源,既存厂商往往通过多元化经营来扩张,包括扩张至同一产业的新部门。规模小而又没什么经验的厂商,在累积必要的人力及实物资本上,难以与既存的大企业匹敌,除非与后者结盟。

既存厂商多元化经营的结果是,经济总和集中度升高。即使在产业层次,经过一段激烈竞争时期,部分厂商会从争夺市场占有率和降低成本的竞赛中淘汰出局。因此,扩大规模会促使后进经济体的资本集中度升高。于是经济体内的竞争形势遂变成已确立地位的后起者,在"更新"的成熟产品市场上的争霸战。

---

① 关于"综合能力"(combinative capabilities)的概念,或为了竞争而必须具备的各种技能的组合,请参考 Kogut and Zander(1992), Mathews and Cho(1998)。

全球化与外商撤资

“全球化”使后进者可以获得更大的生产规模经济，超过它们如果留在本地，面对任何投入（如土地、低成本的劳工、合格的经理人和工程师等）供应量固定不变的现实，所能达到的规模经济。[①] 如果本地人所有的厂商在海外进行全球化之际，本地的外资厂商也因为工资上涨而离去，那么流入与流出外商直接投资之比：FDI_{Ii}/FDI_{Oi}（i 代表产业类别）就会滑落。后果是，本地厂商在后进经济体中越来越居支配地位。[②]

由于先进经济体的科技走在时代前列，其领先企业倾向于去最富裕的经济体，发挥它们在创新产品上的竞争优势；从美国的对外直接投资最常落脚的地方是加拿大和欧洲（反之亦然）可见一斑。相反，规模扩大的后进者，则是利用它们在制造方面的竞争优势，为了降低制造成本，而把生产作业移到工资更低的经济体。[③] 因此，后进经济体的领先企业最主要的对外直接投资地点是低所得经济体。先进经济体的厂商也会为了降低成本而把生产作业迁至低所得经济体。但总的来说，它们的对外直接投资是以新产品开发为主，故可以假设集中在高所得经济体。所以规模已扩大的后进者，在失去低工资的优势之后，很可能尝到流入外商投资相对减少的滋味，除非海外投资者认为它们是值得直接投资的新市场，或值得投资于同样的技术，以便在世界市场上与后起者竞争。本地厂商之所以跃登后进经济体最重要的企业形态，即是靠一方面排挤流入的外商直接投资，另一方面自己又进行对外直接投资。

---

① 首先，假设一个后进经济体在某个产业上的生产规模起初完全依赖本地生产。如果一个外商取得其中若干产能，那么该产业中本地厂商的生产规模就会缩小，其单位成本也会增加。再假设，某个本地厂商的生产规模也依赖对外直接投资。如果对外投资提高了它的全部产能，那么它的整体规模便会扩大。如果它在海外的产能取代了它在本地的产能（小厂商很容易出现这种情形），但由于海外工资比较便宜，而使单位成本降下来，那么该厂商的利润便会增加。此时它就有能力更多地投资于产能，从而进一步压低单位成本，或有能力降低价格，从而增加潜在需求及进一步投资海外产能的机会。

② 除非本地人所有、本地人控制的企业将部分运作移往海外，否则一个经济体本身不可能全球化。顶多是在本地运作的海外企业进一步全球化至其他经济体，但这不会改变拥有跨国公司的经济体总数。

③ 假设所有权不变，流入与流出 FDI 之比也可能取决于经济体的规模。经济体越大，越容易吸引外资进来，越容易避免资本流出。假如人口众多可保证“无限”劳力供应的话（Lewis，1954），那么经济体如印度和中国的厂商就没有必要为了寻找更低的工资而投资海外了。

到了2000年,中国台湾核准的流入和对外直接投资累计总额几乎相等,估计两者都在440亿美元左右(见表1.2)。这个比率几乎肯定是高估了,因为官方的统计显然低估了流出到中国大陆的直接投资金额。[①] 自1986年服务业开始自由化以来,外资企业占服务业营业收入的比例确实上升了。但是在工业部门,外资企业占中国台湾五百大厂商的营业收入比例已下降。在电子业的产出和出口中,外资企业实际上已变得无足轻重。

表1.2 全球化,1952—2000年

年份	中国台湾的外资流入			中国台湾的对外投资		
	件数	总投资额(百万美元)	平均投资额(百万美元)	件数	总投资额(百万美元)	平均投资额(百万美元)
1952—1983	3 122	3 898.6	1.2	—	134	—
1984	175	558.7	3.2	22	39	1.8
1985	174	702.5	4.0	23	41	1.8
1986	286	770.4	2.7	32	57	1.8
1987	480	1 418.8	3.0	45	103	2.3
1988	527	1 182.5	2.2	110	219	2.0
1989	547	2 418.3	4.4	153	931	6.1
1990	461	2 301.8	5.0	315	1 552	4.9
1991	389	1 778.4	4.6	601	1 830	3.0
1992	411	1 461.4	3.6	564	1 134	2.0
1993	324	1 213.5	3.8	9 655	4 829	0.5
1994	389	1 630.7	4.2	1 258	2 579	2.1
1995	414	2 925.3	7.1	829	2 450	3.0
1996	500	2 460.8	4.9	853	3 395	4.0
1997	683	4 266.6	6.3	9 484	7 228	0.8
1998	1 140	3 738.8	3.3	2 181	5 331	2.4
1999	1 089	4 231.4	3.9	1 262	4 522	3.6
2000	1 410	7 607.8	5.4	2 231	7 684	3.4
1952—2000	12 521	**44 566.0**	3.6	29 618	**44 059**	1.5
1989—1995	2 935	13 729.0	4.7	13 375	15 306	1.1
1996—2000	4 822	22 305.0	4.6	16 011	28 160	1.8

"—"表示无资料。

资料来源:"经济部投资审议委员会",历期a。

① 这个比率的偏差可能是由汇率偏差造成的,因为流入FDI通常用未平减(undeflated)的美元来计算,流出FDI则是用未平减的本地货币换算成美元来计算。

电子制造商在中国台湾的对外直接投资中占最大比例(在台湾本地制造产值中也占最大比例)。电子厂商直到开始在技术基础上竞争,美国才成为它们的一个重要投资地点,投资形式是建立市场情报搜集站和运营渠道。相反,对外直接投资集中于亚洲,首先是东南亚,然后是中国大陆。中国台湾厂商在台湾地区以外其他亚洲营运地点的获利能力,和在岛内一样,都是依赖于高产量和高产能利用率。零配件供应商仅在产量大到值得投资的时候,才追随组装业者前往海外。

海外生产可以采取三种不同的模式:外商直接投资(产权)、外商间接投资(债务),或外包代工。至于哪一种模式较好,可以预期其取决于海外投资者的产品不成熟度(product immaturity)和资产特性(asset specificity),亦取决于地主国(地区)的生产和计划执行能力。[①] 美国可能将生产工作外包给一个后进国家或地区,如中国台湾,与此同时,中国台湾则在另一个工资更低的国家或地区,如中国大陆进行直接投资。当美国改变它在中国台湾的运作模式,从产权改成债务或国际代工时,它在中国台湾的产权就从外商所有变成本地人所有。所以外商因工资上涨而撤出中国台湾,可能跟台商在中国大陆进行“全球化”同时发生(FDI_{Ii}/FDI_{Oi}下降)。一般来讲,先进经济体的先行者借国际代工或 FDI 来瘦身,后进经济体的后起者却靠整合来增肥。国际分工的模式未必会在经济体内复制出来。

在传统的经济发展模型中,来自先进经济体的投资者是转型和成长的媒介。先进经济体的投资者带入低度开发经济体的技能,照理说会从各种途径扩散出去,通过技术扩散和零配件的本地采购,本地企业逐渐发展成形。[②] 当这些本地企业长大成熟后,它们继而投资于其他经济体,所以可以预期经济发展将扩散至全球各地。

---

① 关于对外投资模式,详见 Hymer(1976), Vernon(1966),以及 Akamatsu[1961(1938)]。

② 讨论“外溢效应”的著作很多,包括 Aitken et al.(1977), Blomstrom and Kokko(1998),以及 Okada(1999),等等。关于外资刺激经济发展的历史事例,墨西哥的例子请阅 Calderon et al.(1995);印度尼西亚的例子请阅 Hill(1989);中国台湾的例子请阅 Schive(1978);中国大陆的例子请阅 Hou(1965)。关于外资在经济发展中扮演的角色,详见 Cairncross(1962)及 Amsden(2001)的评论,两位作者特别指出,外资进入的时间通常是在成长态势已经显现之后;外资不会启动产业转型,虽然它可能加速产业转型。

中国台湾的例子却告诉我们,从外资光临到本地企业崛起,这个演进过程并非如市场模型所暗示的那样自然而然地发生,仅由市场力量推动。实际上它是政府和其他非市场机制在其中促成的。连电子业的第一个重大外商投资案例——电视机,也和自由放任的模式相去甚远。技术转移做得最彻底的,并不是在出口飞地(export enclave)内运作的美国公司,反而是受制于关税保护和当地成分要求,产品主要供应中国台湾本地和日本合办的企业。中国台湾从外商来台投资,到本地企业崛起,再到本地企业对外投资的转型,是系统化规划及制度化推动下的产物,我们将在第三章检视这一点。

服务业

大部分适用于电子业的假设前提,也适用于后进经济体新近自由化的服务业,包括电信、金融、零售、快餐等行业。本地企业普遍缺乏尖端技术,先进经济体的技术已成熟以致标准化,规模经济也很重要(尤其在品牌方面)。成熟的高科技产业与现代服务业的主要差异是,服务业不存在国际(或国内、地区内)代工。海外公司不可能将许多服务工作外包出去,像它们将某些产品的制造工作外包出去那样。因此,本地公司和海外公司往往在服务市场上正面交锋,后者可以利用它们在技术、规模、全球分销经验、品牌知名度等方面长久保持的优势。所以,在新近自由化的服务业,本地厂商的存活部分依赖政府的管制政策。在中国台湾,当局限制外商在服务市场刚开放的一段时期立即进入,限制范围从银行及保险到电信及运输。

后进经济体厂商进入现代服务业,通常需要庞大的资金和先进的计划执行能力。因此,新近自由化的服务业,与新兴高科技产业一样,很容易被已存在的大企业掌控,新成立的小公司很难插足。在本地厂商中,多元化集团通常拥有最多的分散投资的专门技能,因此可望成为本地服务业者中的龙头老大,这个情形已在中国台湾出现。

大集团纷纷进入新近自由化的服务业,所产生的直接后果是产能过剩。

合并之风接踵而至，导致产业层次的集中度和总计经济总量的集中度双双上扬。随着老企业集团扩展至服务业，新企业集团崛起于电子业，中国台湾百大集团占 GNP 的比例大幅提高，这个比例在 1986 年自由化运动如火如荼地展开之际仍低于 30%，才十年多一点的光景，已跃升至 54%（详见第四章）。

政府领导的网络

网络是厂商之间基于个人关系，而非市场理论所说的不具名关系，进行交易的场所。在概念上，网络的强度可以用交易的次数、价值和个人化的程度（即基于"信任"的程度）来衡量。从这些标准（次数、价值和个人接触的程度）来看，各种产业的网络很可能有所不同——电子业的网络照理说应该很强才对。然而，尽管后进经济体与先进经济体之间有很强的基于国际代工形式的网络，但是在后进经济体内部，甚至连电子业的网络也可能偏弱。

就交易价值而言，后进经济体内部的电子网络偏弱，是因为它们对进口的具有较先进技术的关键零配件的依赖很深的缘故。后进经济体厂商起初只向经济体外供应商购买关键零配件，而不是彼此购买。

就个人接触而言，网络活动可以分成四类，这四类有部分重叠，但每个都包含一些特有的成分：第一类是零配件的定包代工（subcontracting）；第二类是零配件的定制化（customization），这需要厂商之间密切合作（例如工具和原型）；第三类是"加工"（in-processing），亦即一个厂商提供原材料给另一个厂商，由后者做进一步的处理（譬如，提供布料给染布厂请其染制）；第四类是本地采购（local procurement），向本地供应商购买周边设备（器材）或零配件。本地采购是四种网络活动中网络性最弱的一种，因为它所牵涉的个人因素可能仅是表面上的；交易双方或许彼此认识，但其行为可能纯粹是机会主义式的、中立性质的（保持适当距离），仅仅是对一个存在的市场信号做出反应而已。外包代工是四种网络活动中网络性最强的一个，因为它的前提是合同，不论是口头约定还是白纸黑字的合同。它未必牵涉长期允诺;低工资和高工资经济体的电脑公司之间——比如说,戴尔与广达之间——的合同,通常以一年为期,到期需重新谈判。不过,外包代工仍然是最个人化,也最不可能存在于后进经济体内部的网络活动。中国台湾电子业的内部几乎无任何代工可言。

后进者的内部较少有代工活动,原因是诱因不足。此外,境外买主也可能断然禁止其代工厂商本身的外包自由。谈到诱因,国际代工的前提是两个经济体之间工资差距很大,在同一个后进经济体的不同厂商之间,工资不至于差得太多。先进经济体的厂商常基于分摊风险、长期计划和高度信任的前提,共同创造技术,后进经济体的厂商则缺乏共创技术的诱因,因为没有一个厂商拥有世界尖端技术("后进"的决定性特征),那是开发真正新技术的先决条件。后进经济体的电子组装业者倾向于在本地购买被动、标准化的零配件,但采购这类投入不必个人居中斡旋就可以处理。

高进口依赖度和缺乏尖端技术这两个因素,造成后进经济体的政府或当局在促进"成长极",使网络可以围绕四周蓬勃发展这件事上,很可能表现得比先进经济体的政府或当局更为积极。政府或当局是促进高科技零配件进口替代的主要推手。它领导先进技术的开发,以至于一旦该技术成熟,便可以商品化。在中国台湾,当局针对关键产业,直接插手干预。对电子业的干预模式是,从当局所属的研究机构(工业技术研究院[①]),创造衍生公司。基础工业的进口替代,主要是靠关税保护、财政补贴和本地成分规定等政策工具;高科技产业的进口替代,则主要是依赖各种政策工具,去推广当局主持的或补助的研发;现代服务业,则是依靠限制外商进入服务业(不论多么短暂)的管制政策。

一般而言,台湾当局在中国台湾的经济发展中一向担任主角。自 20 世纪 50 年代起,一直延续到 90 年代,当局大约占全部固定资本形成总额的一

① 它最广为人知的成就是衍生出台湾积体电路制造公司(台积电)。

半，这个比例在后进经济体中无出其右（Amsden，2001）。[①] 当局刻意用营业执照、银行贷款、债务对产权比率（debt-to-equity ratio）规定、对购并的限制等相关政策，去影响资源的分配，进而影响不同规模企业的比重，以达到分配与发展的目的。在纪律方面，当局运用“荷包”的力量去执行纪律，凡是接受公共部门津贴者及提供公共部门津贴者都必须遵守当局制定的绩效标准——举例来说，公营银行的官僚必须以个人薪资和升迁前途，替他们发放的贷款的健全负起责任（Wade，1990）。后来，全球化扮演了纪律执行者的角色。“产业空洞化”的威胁，即台湾地区厂商将生产及其他业务功能移往他地（特别是中国大陆），支配了当局的思维。当局的对策是大量投资于教育、研发、进口替代和科学园区，希望借刻意促进产业升级，达到让产业根留中国台湾的目的。

地理聚集

中国台湾的电子组装业受惠于被动零配件供应商所组成的高密度网络。在此网络中，个人关系无足轻重，每次交易价值不高，但总交易量非常庞大，整个电子业均受益匪浅。以个人电脑业为例，在 20 世纪 90 年代末期，笔记本电脑组装厂从海外购买的零配件，仍占一台笔记本电脑价值的六七成，但它们在本地采购的零配件，却占一台笔记本电脑全部零件数目的 97%。所以中国台湾的电子网络，性质上是厂商的地理聚集（agglomeration），交易上则保持距离（关于空间聚集的一般讨论，请阅 Fujita et al.，1999；以及 Neary，2001）。

这种涉及大量交易的高密度网络在后进经济体出现的机会，取决于几个变数。首先，网络常出现的后进经济体，其制造产值的组成具有某种特性，偏重于使用大量独立零件，每一样零件必须单独设计、制模和生产的产业（例

① 关于台湾的经济发展，参考包括 Ahn（1998），Amsden（1985），Chu（1994），Fields（1995），Galenson（1979），Gold（1988），Ranis（1992），Schive（1978），Thorbecke（1999），以及 Wade（1990），等等。

如成衣、交通工具和机械），而不是使用不间断流程技术的产业（例如钢铁、化学和水泥）。制造业占一国或地区的 GNP 比例越高，而且这类产业占该经济体整体制造业的比重越大（两者均部分由政府或当局政策所决定），越可能出现网络。

其次，在“新经济”网络方面，一个经济体受过教育的精英分子越多，而且这些精英学工程的比例越高（两者均部分由政府或当局政策所决定），越容易出现一个由学习型公司所组成的网络。

再次，地理上邻近有助于网络活动。幅员狭小且拥有现代交通工具和通信服务的经济体，厂商相隔不远，而厂商之间的距离越小，网络的凝聚性就越强。

最后，网络运作效率与政府或当局的效率成正比。政府或当局在技术养成和进口替代上的政策越系统化、越纪律严明，网络成功的机会就越大。

在后进经济体中，中国台湾在所有这四个因素上均表现优异。它的制造业占 GNP 的比例、机械制造业（包括电子和非电子类）占制造产值的比例，用后进经济体的标准来衡量均特别突出。此外，中国台湾的教育成就和工程训练水平特别高（见第三章）。它的人口不多，制造活动集中在一个地窄人稠的地理区域内，知识精英很容易彼此沟通。最后，它的“政府干预”品质很好，因为规范明确。

中国台湾的网络起源于第二次世界大战前和战争刚结束那段时期的制造经历。那段历史充满对外联系的色彩。1948 年，大批企业家从大陆涌进台湾岛，奠定了机械制造商高密度聚集的基础，包括自行车和工作母机制造商（前者请参考 Chu，1997；后者请参考 Amsden，1977）。之后，电子业开始兴起，机械制造商又纷纷转去制造电子设备。所以，当出口及赢得国际代工合同的机会来临时，一大堆中小企业已经等在那里跃跃欲试了。当局自 20 世纪 50 年代后期开始大力提倡出口，进一步鼓励国际代工（详见如 Wade，1990）。第二次世界大战及去殖民化运动，终结了日本的殖民统治，也扫除了障碍，使当地人所有的厂商和当局控制的银行能够趁机崛起。但是与日本的商业联系，在赢得国际代工上起了关键作用。许多中国台湾和韩国的厂商，由于战前的供应商关系，早已与日本大制造商建立个人联系——中国台湾的例子有大同和东元，韩国的例子有三星（Samsung）和 LG。日本的全球化大部分始于中国台湾和韩国，后来才投资其他东南亚国家（地区）（Ozawa，1979）。日本是美国自行车、收音机、电视机和电子计算机等产业的跨国公司最早的代工地点。但随着日本工资在 20 世纪 60 年代开始上扬，美、日两国的跨国公司都在邻近日本的国家（地区）寻找更廉价的劳力。当时韩国和中国台湾的工资甚至低于拉丁美洲的水平。[①] 拜外援所赐，两个地区都有很好的基础建设。在高压的政治环境下，工会力量薄弱。

我们的结论是，并以此作为以下各章的引子，在后进经济体，后起者和网络并非互不兼容的两个概念，无论在理论上还是经验上。虽说如此，我们仍主张，后起者优势的累积，是后进经济体产业升级背后的动力，也是后进经济体如中国台湾何以能够在 20 世纪八九十年代快速成长的原因。后起者为了生产成熟的、高科技的产品而互相竞争，是促使它们在经济体内和全球利用规模经济的动机。大企业的崛起，乃是为生存所逼，必须对内投资于自己在计划执行、生产工程和一体化设计（在电子业）方面的私有知识资产。后果是，一方面造成各种市场部门高度集中，另一方面也创造了创新利得，创新利得使它们能够进一步对内投资于产能，尤其是投资于知识资产，这又进而使它们有能力扩张至“更新”的成熟产品线。性质上是地理聚集的零件供应商网络，虽有利于产业升级，但后进经济体的网络不具备内在、有机的机制去驱动这一过程，因为它缺乏世界尖端科技。因此，推动产业升级的责任，必须由大型企业与后进经济体的发展和监管功能共同承担。

① 在 20 世纪 60 年代初期，美国电视机制造商起初同时投资于中国台湾和墨西哥，当时中国台湾的工资大概是墨西哥的一半（Levy，1981）。

第二章 后起者:电子业

直到1975年中国台湾电子业仍是外商的天下。虽然也有一些本地人所有的公司,但据说大部分是员工不到一百人的"小"公司。到了2000年,局面完全改观。外商占附加价值的比重变得微不足道,本地小公司也仅占两成左右。相反,员工至少五百人的本地大公司跃登电子业的首要地位。同样的工资急遽上涨却引致不同的结果,一方面令许多外资电子厂商纷纷撤离中国台湾,另一方面本地厂商反而大量投资于技术,以便创造新的竞争优势。学习效应变得越来越不对称。最好的本地厂商享受"后起者优势"——它们是第一个在利润率持续走低,但尚有利可图的"新兴"产业中,投资兴建最小有效规模的工厂,并培养管理和技术能力的后进者。凭借薄利多销和计划执行能力,它们能够率先跨入下一波热门、成熟产品市场,夺得最快上市的先机,享受最高的回报。

电子业究竟如何完成产业升级,是本章探讨的主题。

电视机时代

中国台湾第一个成熟的、中级技术的出口产品是电视机。生产模式是双轨并行，两者均由外商主导。第一种生产模式是飞地（enclave）性质，涉及美商百分之百持股的直接投资，产品主要供外销。另一种生产模式涉及与日本合资，产品以内需市场为主，而且使用本地组件，主要是映像管，以因应关税保护和本地成分规定的当局政策。

第一个来中国台湾投资的美商公司是飞歌（Philco，1965 年来台），其次是艾德蒙（Admiral，1966 年）、美国无线电（RCA，1967 年）、摩托罗拉（Motorola，1970 年）和真力时（Zenith，1971 年）（Chen et al.，1997）。飞歌之后的美国投资者是在 1965 年中国台湾推出第四个“五年经济建设计划”，彩色电视机被列为重点扶植项目之后才来台的。最早的与日本合资的企业是松下（Matsushita）、三洋（Sanyo）、夏普（Sharp）和东芝（Toshiba）。

从表 2.1 可以看出电视机在电子业的明星地位。1971 年电视机的产值，大于电话、交换机、录音机、晶体管收音机和电唱机等当时其他主要电子产品的产值，也大于所有“其他电子零部件”的产值。1975 年的中国台湾十大外商公司（按营业收入排名），起码有七家是电视机制造商（见表 2.2）。其余三家除了百时美施贵宝（Bristol-Myers，从事制药业）之外，另两家仍然与电视机产业有关，因为德州仪器（Texas Instruments）与通用器材（General Instrument）本身虽不生产电视机，但来台设厂的目的是向电视机制造业供应主要零部件。RCA 是台湾最大的电视机制造商，其营业收入在 1975 年、1980 年和 1985 年这几年均名列所有外商之冠。

表 2.1　电子产品营业收入,1966—1971 年　　单位:新台币百万元

年份	电话	交换机	电视机	录音机	收音机	电唱机	电子组件
1966	31.6	49.3	450.2	0.2	344.7	16.7	98.6
1967	36.5	115.2	464.2	1.0	670.7	11.9	403.7
1968	47.1	55.4	3 100.1	233.1	848.3	42.4	1 402.7
1969	57.5	96.0	2 901.2	207.6	861.1	46.1	2 156.2
1970	70.1	126.6	3 819.8	178.3	936.9	76.6	2 680.1
1971	52.3	196.9	5 380.4	191.9	960.8	63.2	3 188.8
比例,1971/1966	1.7	4.0	11.8	724.2	2.8	3.8	32.4
产品数量,1971	66 428	43 946	1 794 499	319 644	3 815 213	115 269	—
单位价值,1971	787	4 480	2 998	600	251	548	—

资料来源:Arthur D. Little,1974。

表 2.2　中国台湾前十大外商公司营业收入排名,1975—1999 年

公司		1975	1980	1985	1990	1995	1999
台湾 RCA	RCA Taiwan	1	1	1			
艾德蒙海外	Admiral Overseas Corp.	2		9			
台湾真力时	Zenith Taiwan Corporation	3	3				
德州仪器工业	Texas Instruments	4					4
台湾飞利浦电子	Philips Electronics Industries (Taiwan) LTD.	5	2	2	4	2	3
台湾凯普电子	Taiwan Capetronic	6	4				
台湾通用器材	General Instrument	7	10	5		7	
台湾飞歌	Sylvania-Philco (Taiwan)	8					
台湾百时美施贵宝	Bristol-Myers (Taiwan)	9					
台湾 Clinton	Clinton Taiwan Corp.	10					
OAK East 电子	OAK East Industries		5				
台湾飞利浦	Philips Video Products (Taiwan) LTD.		6				

（续表）

公司		1975	1980	1985	1990	1995	1999
台湾飞利浦建元	Philips Electronic Building Elements IND.		7	6	5	3	2
台湾有力电子	Uniden Corporation		8	7			
美商胜家缝纫机	Singer Sewing Machine,Taiwan		9				
台湾王安电脑	Wang Laboratories (Taiwan)			3			
迪吉多电脑[1]	Digital Equipment (Taiwan)			4		8	
台湾嘉吉公司	Cargill Taiwan Corp.			8			
台湾慧智[2]	Wyse Technology			10			
福特六和汽车[3]	FordLio Ho Motor				1	1	10
台湾松下电器[3]	Matsushita Electric (Taiwan) Co. ,LTD.				2	5	
南山人寿保险	Nan Shan Life Insurance				3		1
“中美和”石油化学	China American Petrochemical				6	4	
台湾山叶雅马哈	Yamaha Motor Taiwan				7	10	
台湾 IBM	IBM Taiwan				8		
台湾 AT&T	AT&T Taiwan Telecommuncations Co. ,LTD.				9		
台湾摩托罗拉电子	Motorola Electronics Taiwan LTD.				10	6	8
台湾 NEC 电子	NEC Electronics (Taiwan)					9	
美国安泰人寿	Aetna Life						5
台湾东芝电子	Toshiba Electronic						6
家福	Presicarre						7
台湾三星电子	Samsung Electronic						9

注:1. 1998 年被英业达收购。

2. 1989 年台湾慧智被和信集团及“行政院开发基金”等收购。

3. “中华征信所”在 1986 年以前并未将台湾松下电器及福特六合汽车列为外商公司,前者成立于 1962 年,后者成立于 1972 年。

资料来源:“中华征信所”,1990 年,2000 年。

对中国台湾电子业而言,电视机生产是一个密集学习型的经验,因为涉及规模。在先进国家(地区),电视接收器的规模经济存在于制造和设计两方面:

(在美国)企业高管一致同意,高产量是成功最关键的必要条件。高产量使生产者得以:(a) 影响组件供应商;(b) 分摊间接费用。影响组件供应商,不仅意味着大订单可以拿到大折扣,也意味着电视机制造商可以请半导体厂商替自己设计专用电路。除非订单够大,否则组件供应商很难把设计和生产专用电路的成本压到合理的水平。即使电视机制造商自己设计电路,也有同样的考量。电路设计是一种非常消耗工程师工时的活动。除非有很多电视接收器去分摊固定间接费用,否则设计专用电路绝不划算。同样的顾虑也适用于一般电视机底盘设计和固定模具成本(Levy,1981,p.69)。

美商在中国台湾的大型外销工厂使用“自动化生产方法,类似它们在美国采用的生产方法”(Levy,1981,pp.69—70)。[①]

1971 年中国台湾电视机年产量高达 180 万台(见表 2.1)。收音机的产量更高,但一台电视机的单价远超过一台收音机。单价高表示就零配件数目和技术精密性而言,产品更复杂。因此从事电视机制造这一行,必须对经理人和工程师做出相当大的投资,以确保生产顺畅和高品质。

当电视机制造业相对没落时,电子业的外商直接投资也开始淡出。工资不断升高,抵消了电视机制造商将组装作业设在中国台湾的主要动机。[②] 不仅

---

① Levy 继而表示:“基于改变生产要素比例,或改变投入与产出比例的规模经济,似乎并不特别重要。在相当大的一个产出水平范围内,自动化生产是成本最低的生产方法(虽然美国厂商的自动化程度不一)。最低层次的生产方法是手工组装,而且较少分工。许多美国厂商设在中南美洲的工厂即采用这种生产方法。但它们的母公司并非如此。此处必须指出的是,关键因素是生产规模,而不是相对要素价格。”在中国台湾受保护的电视机产业中运作的厂商,规模相当悬殊,请参考 Lin(1986)。

② “自 20 世纪 80 年代后期以来,由于台币升值和工资持续升高,许多出口导向的外商公司纷纷撤资。RCA(台湾)公司在 1992 年撤离,该公司多年来一直是台湾最大的外商公司。真力时台湾公司也于 1991 年宣布撤资计划。日商公司中,台湾欧丽旺电机(Orion Electric Taiwan)的停产造成巨大冲击(台湾欧丽旺在 1987 年占中国台湾彩色电视机出口的 27.6%,占录放映机出口的 67.8%)。台湾船井电机(Funai Electric)也宣布将电视机和音响设备的生产基地移到大陆,三菱电机(Mitsubishi Electric)的子公司大升电子则停止生产,变成一家资产管理公司。”(Sato,1997)

如此，美国电视机制造商的市场被后起之秀的日商一步步蚕食，加上美商普遍对开拓黑白电视机产业以外的其他投资机会不感兴趣，进一步降低了它们对在中国台湾投资的意愿。的确，诚如一位学者的观察，"从开始生产(黑白电视机)，到最后关厂走人，工厂的机械设备并没有改变多少，因为母公司无意改进在中国台湾的运作"(Lin，1986，p. 157)。[①] 少数留下来的外商如飞利浦和通用器材，则是靠退出电视机产业，另谋出路，才存活下来的。飞利浦改为生产监视器、彩色映像管和半导体，后者是与一家台湾本地的晶圆代工厂合资，即台积电公司。

美国电视机制造商尽管性质封闭，但仍然对中国台湾工程师和经理人的经验积累做出了正面贡献。这些人离开美商电子公司后，通常自己出来创业，或加入已存在的本地人经营的企业。光宝集团(生产笔记本电脑周边设备的大制造商)的高级经理人出身于德州仪器公司在中国台湾的 LED 分公司。生产调制解调器、笔记本电脑，后来又生产移动电话的致福公司，则有一些高级经理人出身于 RCA 和飞利浦。[②] 根据 1987 年进行的一项针对 318 家电子厂商的问卷调查，有 71 家本地厂商和 33 家外资厂商(约占总数的三分之一)雇用有外商电子公司工作经验的高级经理人和工程师。对此很多公司(虽未过半数)都持肯定态度：约 43% 表示过去的工作经验有助于管理技能的提升，32% 认为可以改进产品设计和开发，30% 认为有利于市场情报的取得(San and Kuo，1998)。

然而，在电子业早期发展阶段，技术转移的主要来源还是日本，日本也成为电子业最大、延续最久的高科技零配件供应者。[③] 所以中国台湾电视机时

---

① 大部分欧美电视机制造商在 20 世纪 90 年代初期离开中国台湾，飞利浦不但留下来的，而且进行升级并分散投资于其他运作。不过，许多零件生产者如通用器材、德州仪器和摩托罗拉都留下来另谋出路，合资电视机厂商如三菱、三洋和东芝也成功地改头换面(Chen et al.，1997)。

② 宏碁集团董事长施振荣表示，"20 年前，中国台湾的一流人才统统在外商公司上班。从制造业的观点来看，这些公司为中国台湾训练了一批最优秀的运作人才。现在外商公司在中国台湾电子业不能生存，它们不能发股票红利，无法吸引一流人才，同时它们在此地大多也不进行升级，它们现在主要的参与方式是在台湾股市投资。很多公司如 RCA 等都走了，但一流人才统统是从跨国公司出来的"(2000 年 3 月访谈记录)。

③ 中国台湾电子业早期的另一个市场部门是马达的生产，该部门的"后起者"之一是东元电机股份有限公司。东元几乎一成立就跟日本公司建立了技术合作关系。

代技术学习的主要来源,不能说是出口。日本电视机制造商对学习的贡献大于美国同业,是因为它们的运作模式是合资企业,而不是出口飞地。由于内销导向,它们必须遵守中国台湾当局的"本地成分"规定。这些规定鼓励它们不但转移技术给中国台湾的合资伙伴,也转移给当地的零件供应商。因为它们必须在本地购买零件,所以希望本地供应商越有效率越好。"所有中国台湾本地厂商的技术,都是通过合资或技术合同的渠道,从外国(地区)制造商,尤其是日本制造商那里取得外商的私有技术。由于电视机制造商也生产其他家电产品,因此它们选择电视技术供应者,是基于制造其他产品,或代销外商产品的合作经验"(例如,声宝公司原是夏普电视机的台湾代理商,当声宝决定自己生产电视机时,便向夏普购买技术)。"在 20 世纪 60 年代,外国电视技术供应者一概是日本制造商。"此外,中国台湾在 70 年代开始出口彩色电视机,那些电视机是在 OEM(原始设备制造)合同下,替外国(地区)厂商生产的。这些 OEM 合同主要是和日本厂商签订的(虽然流行观点认为日本跨国公司的"全球化"脚步比美国跨国公司慢得多)(Lin, 1986, p. 98)。进口零配件本身已蕴含技术,况且通常附带外国(地区)供应商的技术援助,所以中国台湾在 1971 年总共出口价值 2.43 亿美元的电子产品,制造这些产品的原料和零配件有 37% 购自本地,10% 从美国进口,53% 从日本进口,便是一件值得注意的事情了(Arthur D. Little, 1974)。这些数字不仅显示电子业进口替代的范围,也说明了中国台湾电子厂商对日本零配件的高度依赖。从 1952 年到 1979 年,本地电子厂商(包括跨国公司的子公司)和外国(地区)技术供应者共签订 337 项技术授权合同。其中 236 项是跟日本厂商签的,另外 80 项是跟美国厂商、18 项是跟欧洲厂商签的(Chen et al., 1997)。[①]

---

① 一般而言,日本是中国台湾在工业化初期阶段最主要的技术援助来源。这方面的一个指标是资本品进口的来源地。资本品(指电动和非电动机械)本身体现技术。另外,它们经常涉及买卖双方的长期协同学习。故中国台湾在 20 世纪 70 年代有高达 59.8% 的资本品从日本进口,相较于 19.3% 从欧洲和 19.2% 从美国进口,便具有重要的指标意义。连另一个日本过去的殖民地韩国,其资本品从日本进口的比例也低于中国台湾:韩国的资本品有 43.6% 从日本进口,30.8% 从欧洲进口,24.4% 从美国进口(UNCATAD, 历年),引自 Amsden(2001)。

在其他与电视机在技术和商业上关系密切的电子产品方面,日本对学习的影响一目了然。当电视机的需求成长趋缓时,处于该产业第一层的本地合资伙伴便将生产范围扩大至监视器(电视机是由一个监视器和一个调频器组成的)和终端机(终端机是由一个监视器、一个键盘和一个逻辑板组成的)(Schive and Simon,1986)。“制造电视机累积下来的技术知识与经验……使制造商具备生产监视器和终端机的技术能力。”(Lin,1986,p. 86)

监视器和终端机在中国台湾的大规模生产始于1980年,最初只有外商子公司从事这两种产业,本地厂商的参与付之阙如。但本地厂商的产能和出口急起直追。到了1983年,距离初次生产不过短短三年,本地厂商已占监视器产量的63%和出口量的60%,占终端机产量的51%和出口量的52%(见表2.3)。在1983年,监视器的全部年产量已超过100万台。

表2.3 本地企业进入监视器及终端机产业,1980—1983年

年份	产量(1 000台)	本地厂商占有率(%)	出口(1 000台)	本地厂商占有率(%)
监视器				
1980	49.4	4	49.1	3
1981	139.7	32	98.6	42
1982	340.6	58	328.4	56
1983	1 009.4	63	956.6	60
终端机				
1980	25.0	1	25.0	1
1981	44.8	23	44.7	23
1982	106.3	29	103.1	30
1983	528.8	51	516.5	52

注:表中这两种产品的数据均代表十家最大的供应商,这十家公司合计占产量及出口的95%。

资料来源:Lin,1986。

第一个后起者

中国台湾电视机时代最显赫的“后起者”非大同公司莫属。它是当之无愧的出类拔萃的后起者，因为它在制造、管理和营销三方面，做出“三管齐下”的投资。[①] 它是中国台湾第一个兴建现代量产设施的厂商（在外国或地区，主要是日本的技术协助下）。它也大幅投资于自己的技术和管理能力。面对20世纪50年代严重的技术人才荒，大同创设了一所技术专科学校（成立于1956年），替公司培育人才，继而在1964年将该校升级为四年制的工学院（设有电机工程、机械工程和企业管理等科系）。最后，大同对营销用力之深，在中国台湾几乎是绝无仅有的。它缺乏（至今仍缺乏）世界尖端技术，但它的一些家电产品如电饭锅、电扇和电冰箱，已成功地先在中国台湾地区内，后在全球建立品牌。多亏低工资、高产量、生产工程能力和计划执行能力，使大同能够基于一贯的品质和低廉的价格来竞争。虽然它以内销起家，却在七八十年代，屡次因外销成绩优异而获奖。到了2000年，在大同的营业收入中，内销与外销大致平分秋色。

营销包括建立海外设施。在电扇方面，大同电扇于1949年开始生产，1954年首次外销菲律宾，1968年打入日本市场。1974年大同在洛杉矶兴建了一座电扇工厂。在电视机方面，大同于1964年开始生产黑白电视机，1969年开始进行彩色电视机的生产。1976年大同开始在美国制造彩色电视机。1981年大同在英国的电视机工厂开工（该厂于1988年开始生产监视器）。1980年大同在中国台湾地区内破土兴建了一座彩色映像管工厂（即“中华映管公司”，最初是大同和另外五家本地公司的合资企业，后来大同终于取得百分之百的股权）。1990年，“中华映管公司”开始在马来西亚生产彩色映像管。1996年，“中华映管公司”在苏格兰的彩色映管工厂举行破土典礼。在

---

① 关于先行者的“三管齐下”投资，请阅 Chandler Jr.（1990）。关于后进者在第二次世界大战前进行“三管齐下”投资时遭遇的困难，请阅 Amsden（2001）。

进军全球市场方面,大同不以低廉的本地工资为竞争手段,是中国台湾第一个去美国和英国投资设厂的开路先锋。它也是第一个在海外(主要是在英国)事业上赔钱的先锋。

大同成立于1918年,最初是一家建筑公司。1946年,在战后百废待兴的局势中,它靠修理火车勉强维生。然后,在20世纪40年代末期,大同时来运转,赶上消费电器产品——电锅、收音机、电冰箱和电扇——本地需求激增的时机。如表2.4所示,电扇是中国台湾第一个量产品,时间比电视机还早,需求则稳定增长,直到1986年才达到年产量3050万台的巅峰。那一年电扇的产量,超过收音机、电视机、电话和手表。电扇这棵摇钱树和公司的卓著声誉,使大同能够在关键转折时刻——1957年、1958年——用公开发行优先股及公司债的办法,募集扩张所需的资金。大规模生产的经验,使它能够在1964年与日本东芝公司成立合资企业,开始制造电视机,后来证明此举具有战略上的重要性。制造电视机的经验,继而使大同能够将版图延伸至监视器和映像管——开启中国台湾最普遍的学习途径。

表2.4 早期主要电子产品开始生产(****)及巅峰产量

年份	收音机(台)	电视机(台)	电话(台)	手表(只)	电扇(台)	计算机(台)
1952					****	
1961		****	****			
1962	****					
1970						
1971						
1972						****
1973	14 531 000					
1974						
1975				****		
1976						
1977						
1978		7 095 000				

（续表）

年份	收音机（台）	电视机（台）	电话（台）	手表（只）	电扇（台）	计算机（台）
1979						
1980						
1981						
1982						
1983			25 989 000	14 038 000		
1984						
1985						
1986					30 508 729	
1987						
1988						
1989						69 275 980
1990						
1991						
1992						
1993						
1994					17 547 543	
1999	2 156 614	1 022 000	6 629 451	1 933 379	—	556 552

注："—"表示无资料。
资料来源：CEPD，2000。

到了2000年，大同已占有全世界彩色映像管市场的1/4。它已成为一个在电子业内高度多元化经营的企业集团，产品种类多达300种，包括马达、家用电器、电子器材、电脑、通信系统、重电机设备、钢铁机械、电力电缆、光纤电缆、电子组件、化学材料和塑胶制品，等等。它掌握后起者优势至少长达20年，从1975年到1995年，即使不计算“中华映管公司”的收入，它在家用电器产品上的营业收入，在中国台湾地区向来数一数二（见表2.5）。多年来它一直以岛内最赚钱的公司之一驰名。

表 2.5　中国台湾电子业[1]（不含电脑）前十大企业营业收入排名，1975—1999 年

公司名称	所有权	1975	1980	1985	1990	1995	1999
大同公司		1	1	1	1	2	4
台湾松下电器[2]	F	2	2	2	2	4	
RCA	F	3	4	4			
声宝公司		4	3	3	6	10	
台湾三洋电机		5	5	6			
艾德蒙海外	F	6		10			
新力公司		7	7				
台湾真力时	F	8	8				
德州仪器工业	F	9					5
台湾飞利浦电子	F	10	6	5	3	1	3
台湾通信	F		9				
台湾凯普电子	F		10				
台湾通用器材	F			7		9	
台湾飞利浦建元	F			8	4	3	1
台湾友利电	F			9			
“中华映管公司”					5	7	6
AT&T	F				7		
歌林公司					8		
摩托罗拉电子	F				9	8	8
台湾国际标准	F				10		
台积电						5	2
联华电子						6	10
台湾应用材料	F						7
华邦电子							9

注：F = 外国（地区）人持股比例超过 50% 的外资公司。

1. “中华征信所”原用的名称为电子电器业，自 1985 年起，从中另外分出电机器材与资讯产品业。

2. “中华征信所”在 1986 年以前并未将台湾松下电器列为外商公司，该公司成立于 1962 年。

资料来源：“中华征信所”，1990 年，2000 年。

计算机时代

电子计算机(掌上机或台式机)是中国台湾下一波的量产电子出口产品,在创造学习路径上,可能比电视机还要重要。电子计算机的诸多贡献之一是,它启动了一个从原始设备制造(OEM)转向原始设计制造(ODM)的趋势。以计算机产业的生产和设计性质来看,它是笔记本电脑产业之母。笔记本电脑继而孕育了移动电话。同一组后起者支配所有这三个产业:计算机、笔记本电脑和移动电话。

纯以产量(有别于产值)来衡量,计算机打败了中国台湾早期一切主要电子产品(见表2.4)。计算机的组装,当时几乎完全依赖进口组件,是电子产品中最量产化的一个。它与电视机并驾齐驱,同为学习量产技能的实验场所,包括管理上和技术上。大量生产使规模经济得以实现。规模经济继而形成一个弱肉强食、适者生存的环境,使许多计算机生产者很早就被淘汰出局。据当时身居要位的经理人表示,20世纪70年代初开始组装计算机的二十多家厂商,到80年代初只剩下五家大厂商,每一家各有专长:台式机、掌上机、打印式计算机,等等。

计算机产业不曾组织一个正式的产业公会去制定价格,但主要生产者(亦即后来的笔记本电脑制造商)成为“亲密朋友”(且维持这种关系)(见表2.6)。台湾的监视器产业未能避免自相残杀的价格战,相形之下,计算机产业的合理化较为成功(市场也可能更集中,容后再述)。价格管制成为产业龙头之间的主要合作方式,在当局的怂恿下,组成联合阵线以对抗中国台湾地区以外的厂商。

表 2.6　中国台湾前五大笔记本电脑制造商,1999 年

前五大公司	1999 年产量（1 000 台）	主要客户	创立	经验
广达	2 150	Dell,IBM,HP	1988	计算机、监视器
宏碁	1 900	Dell,IBM	1981	个人电脑
英业达	1 200	Compaq	1975	计算机
仁宝	1 100	Dell,HP	1974	计算机、监视器
华宇	1 000	Compaq,NEC	1989	电子秤
合计	7 350			
CR-5（%）	78.6			

注:CR-5:前五家厂商市场占有率。

资料来源:资策会资讯市场情报中心,历年。

由于量产,计算机的单价开始大幅滑落,到了 20 世纪 80 年代,它的价格已相当低。单价低的后果是,较小的厂商也可能成为“大规模”生产者。尽管从营业额来看它们的规模很小,但是就生产的数量而言它们的规模很大,这在后来成为赢得外国(地区)笔记本电脑代工合同的优势,因为决胜的关键在于厂商展现的运作规模。

许多第一代电子厂是靠“旧经济”的钱创办起来的。这些公司不久后就几乎全军覆没,倒闭的原因多半是业主不懂新技术之故。但目前最大的计算机和笔记本电脑生产者,其创办人很多都曾经在这些如今已消失的公司工作过。仁宝、广达和英业达这三家主要笔记本电脑制造商(见表 2.6)的创始人,早年在一家木材兼旅馆集团的资金支持下,一起参与创办三爱电子,后来才各自出来打天下(英业达持有广达 25% 的股份)。宏碁集团的创始人施振荣,起先服务于环宇电子和荣泰电子,二者是一家纺织公司出资成立的第一代计算机制造商。东元是一家出身于旧经济,专门做马达的电子公司,它本身也多元化经营计算机。

台湾计算机产业背后的推手,是一群出身工程界的新精英。这群中国台湾教育出来的工程师,有的当时年纪很轻,分享了该产业在 70 年代初崛起的功劳。他们的第一步是,试图用逆向工程技术(reverse engineering)翻制外国(地区)计算机模型。他们先复制一项设计,然后试图做一点小小的改进。

接着模仿日本，立刻开始外销。他们带着样品四处参展（比如参加消费电子产品博览会），卖给以“百老汇商人”（the Broadway Businessmen）闻名的进口商。百老汇商人是财大气粗的美国进口商。他们愿意支持中国台湾领先的计算机制造商，因为中国台湾厂商的产量够大，售价又比日本货便宜。当时日本是全世界最主要的计算机产地，产品直接卖到零售商店。[①] 中国台湾曾经一度尝试直接在美国市场出售计算机，但最后以失败收场（不过，英业达后来终于做到不经过进口商，直接进入较小的欧洲市场）。

20 世纪 80 年代初，日本放弃长达近十五年在自己国内生产计算机的做法，转而采用 OEM 方式在中国台湾生产计算机。中国台湾三大计算机制造商都拿到大笔日本 OEM 合同。有了日本的支持，对美国庞大市场的出口开始起飞，计算机产量随之飙升，从 1980 年的 1 000 台左右，一路蹿升到 1989 年的超过 6 900 万台的高峰（见表 2.4）。日本也是关键零配件（显示器、电池和集成电路）的主要来源。本地供应的零配件有限，主要是塑胶外壳和印刷电路板（部分来自台塑——中国台湾最大的企业集团）。

除了与生产工程和计划执行有关的技能之外，计算机制造商也超前地练就了一身设计整合的功夫。它们抓住一波基于大型集成电路（large-scale integration，LSI）的新产品（电子计算机、电子表、电子秤，等等）的成熟时机。于是前往世界各地，考察 LSI 的应用。观摩的结果，加上从日本供应商那里学来的技能，使它们变得非常擅长将大量零配件整合在一小块空间里，这些零配件是它们用最低的价格从世界各地买回来的。整合技能使领先的中国台湾计算机制造商能够立足世界市场，无惧激烈的竞争：它们既非凭自己的品牌或设计平台来竞争，亦非完全靠低工资。它们的竞争基础是细部设计能力，这使得它们能够“第一个将产品推出市场”（纵使成本不是最低），故能从中国台湾以外的总承包商手中拿下获利能力最强的“原始设计合同”。

① 根据 Borrus（1998，p. 82），“（美国）消费市场的发展证实，特殊计算机和手表 IC 是大众商品，但是到了 1977 年，激烈的价格竞争和消费产品营销的变幻莫测，迫使大部分厂商放弃消费产品线。计算机市场争霸战的最大赢家当然是日本。”

既然在笔记本电脑和移动电话的生产中,克服低利润率的关键在于整合能力,整合能力又取决于大规模经济,无怪乎领先的计算机制造商继而成为领先的笔记本电脑制造商和跃跃欲试的移动电话生产者。

笔记本电脑时代

笔记本个人电脑是一个远比掌上电脑或电视机复杂得多的机器。即使和中国台湾其他信息技术(IT)产业相比,笔记本电脑的总产值和单位价值依然鹤立鸡群(见表2.7)。1999年的笔记本电脑产值,几乎与除了台式个人电脑和监视器以外的其他所有IT产品加起来的产值相等。那一年一台笔记本电脑的单位价值(1 090美元),超出其他任何IT产品一大截,包括台式个人电脑(369美元)和监视器(158美元)。到了1999年,最大的笔记本电脑制造商广达的年产量已超过200万台(见表2.6)。英业达和广达这两家公司各自在中国台湾雇用3 500名至5 000名员工(见表2.8)。由此可见,笔记本电脑的量产需要厂商扩大规模,与计算机不同。

关于笔记本电脑制造商的扩张,最引人注目的地方是,面对毛利的不断下滑(例如,在1996年与1997年之间,台湾笔记本电脑生产的平均毛利率暴跌四成,从14.2%跌到只剩8.6%)[①],它们"扩充产能"(ramp up)的速度之快。整个笔记本电脑产业的合计产量,在1993年才130万台,到了1999年已高达940万台,短短6年时间,增长了7倍多(见表2.7)。英业达(在中国台湾)的员工人数在5年内从谷底爬到巅峰,增长了3.8倍。而它的营业收入竟然增长了9倍!同一时期,广达的营业收入比英业达增长得还要快,达到9.4倍!从1988年到2000年,英业达的复合年增长率是29%,广达是42%(见表2.8及表2.9)。

① 根据资策会资讯市场情报中心的估计。

表 2.7　中国台湾 IT 硬件产品制造业,1993 年及 1999 年

产品	产业集中度（括号内是厂商家数）（%）		产量（1 000 台/个）	产量（1 000 台/个）	产值（中国台湾 + 海外）（100 万美元）	单位价值（美元）	（台商）海外生产比例（%）	全球市场占有率（%）
	1998	1999	1993	1999	1999	1999	1999	1999
视效卡	95（4）	96（4）	251	1 102	33	30	35	—
声卡	87（2）	90（3）	461	8 481	78	9	88	—
台式电脑	69（3）	62（5）	2 293	19 457	7 188	369	86	19
电源供应器	83（5）	89（5）	21 190	80 221	1 744	22	94	70
笔记本电脑	72（5）	72（5）	1 291	9 355	10 198	1 090	3	49
CD-ROM 光盘机	76（5）	72（5）	—	48 690	1 740	36	80	34
键盘	64（3）	77（5）	18 830	79 445	512	6	92	68
鼠标	62（3）	62（4）	22 100	68 160	155	2	95	58
扫描器	63（5）	76（5）	953	21 901	925	42	58	91
主机板*	55（5）	58（5）	12 338	64 378	4 854	75	40	64
显示器	45（5）	47（5）	17 485	58 729	9 330	159	73	58
图形适配卡	46（5）	52（5）	7 140	18 583	848	46	63	31
总计/加权平均值	—	—	—	—	39 881	—	47	—

注:产业集中度以营业收入来衡量。

“—”表示无资料。

* 不包括整合在个人电脑系统里面的主机板。

资料来源:资策会资讯市场情报中心,历年。

表 2.8 受访电子公司员工人数增长情况,1988—2000 年

单位:人

年	宏碁	明碁	英群	台达	致福	英业达	光宝	广达	大同	东元	智邦	友讯	台扬	瑞昱	台积电
1988	2 967	626	430	3 090	—	—	1 650	—	12 386	3 647	—	—	500	—	—
1989	3 405	704	480	3 029	300	1 597	1 586	—	21 346	3 526	—	—	605	—	809
1990	3 678	590	491	3 000	340	1 300	1 345	—	21 346	2 611	—	162	739	—	1 187
1991	1 900	556	576	3 243	430	1 100	1 256	—	19 967	2 785	—	281	737	—	1 501
1992	2 800	600	645	3 243	546	1 138	990	—	11 000	2 963	230	414	660	—	1 893
1993	2 800	714	757	3 600	917	1 100	986	745	10 320	3 220	315	556	749	147	2 294
1994	2 400	887	880	3 600	1 646	1 170	—	745	10 353	3 406	405	670	922	187	2 681
1995	3 788	1 478	879	3 040	1 870	1 945	1 122	900	11 105	3 593	537	835	976	217	3 412
1996	3 447	1 478	1 097	3 295	2 218	2 739	1 164	2 200	11 377	3 460	740	843	850	210	4 117
1997	7 861	1 520	1 136	3 778	2 218	—	1 238	2 303	—	3 650	1 064	982	—	223	5 593
1998	4 708	1 517	856	3 927	2 400	4 150	1 300	2 800	19 200	3 726	996	1 300	761	270	5 908
1999	5 112	1 676	720	3 928	1 900	3 922	1 155	3 475	18 633	3 213	1 218	1 550	867	305	7 460
2000	5 369	2 000	730	4 384	1 600	3 623	1 173	5 000	11 355	3 369	1 600	1 600	1 167	370	8 000
CAGR 1988—2000	5%	10%	5%	3%	16%	8%	-3%	31%	-1%	-1%	27%	26%	7%	14%	23%

注:CAGR(复合年增长率)是从 1988 年或最早有资料的年份开始计算的。

“—”表示无资料。

资料来源:《天下杂志》编辑部,历年;CEPD,历年。

表 2.9　受访电子公司营业收入增长情况，1988—2000 年

单位：百万美元

年	宏碁	明碁	英群	台达	致福	英业达	光宝	广达	大同	东元	智邦	友讯	台扬	瑞昱	台积电
1988	386	57	42	101	—	—	68	—	1 045	400	—	—	27	—	—
1989	496	50	41	111	46	169	84	—	1 188	459	—	—	48	—	71
1990	459	72	57	133	64	124	94	—	1 024	355	—	16	64	—	81
1991	463	101	66	182	84	180	126	133	1 180	401	—	29	84	—	179
1992	482	204	73	253	106	231	145	—	1 303	469	29	—	78	—	256
1993	726	255	111	310	230	203	170	217	1 187	535	39	67	81	23	463
1994	1 260	597	145	345	525	267	244	306	1 379	650	58	93	99	33	737
1995	2293	965	145	449	763	468	335	321	1 499	703	75	117	96	42	1 055
1996	2 092	999	170	416	870	1 582	384	636	1 412	702	116	142	84	55	1 433
1997	2 137	889	239	397	740	1 250	406	1 071	1 018	625	169	171	71	56	1 346
1998	3 040	1 038	229	388	877	1 433	407	1 611	1 323	652	182	233	79	66	1 559
1999	4 085	1 207	261	697	584	2 032	406	2 399	1 958	675	306	328	95	102	2 329
2000	3 115	1 474	328	835	288	2 845	476	2 509	2 562	631	398	363	149	162	5 038
CAGR 1988—2000	19%	31%	19%	19%	18%	29%	18%	42%	8%	4%	39%	37%	15%	32%	47%

注：CAGR（复合年增长率）是从 1988 年或最早有资料的年份开始计算的。

“—”表示无资料。

资料来源：《天下杂志》编辑部，历年；CEPD，历年。

表上的数字用来评估个别公司的历年增长较为可靠，甚于用来比较同一时期不同公司的表现，因为有些公司的数据综合性可能较其他公司高，况且，一般而言，各公司的会计惯例不尽相同。但总的来说，表 2.8 与表 2.9 显示的公司增长速率，既令人叹为观止，且有利于公司的增长，虽然不是线性增长（增长集中在几年内，而不是长期平均分布）。

表上所列的公司不只是笔记本电脑制造商，也包括其他类型的电子厂商。它们往往是电子业中就开创性而言最优秀的公司。我们选择这些公司作为研究对象，除了因为它们愿意接受访问之外，也是基于这一点。其中台达、光宝、明碁和英群，是生产笔记本电脑零配件的厂商。瑞昱是 IC 设计公司，台积电是晶圆厂商，两者都属于半导体产业。友讯、台扬和智邦是通信设备业的新秀。致福生产调制解调器、笔记本电脑和其他产品。不管这些公司的差异如何（见表 2.10 及表 2.11），在迅速扩充产能这件事上，它们几乎一致成功。① 因此，姑且不论财务议题（留待第三章再讨论），下面我们要回答的问题是：这些后起者究竟是如何做到这么快地扩充的？

表 2.10　受访电子公司 1999 年概况

公司	创始人	核心公司				集团			
（核心公司成立年份）	T/R[1]	营业收入（100 万美元）	资产（100 万美元）	员工数	五百大公司营收排名	营业收入（10 亿美元）	资产（10 亿美元）	员工数	百大集团营业收入排名
宏碁（1981）	T	4 085	2 776	5 031	1	15.2	9.6	17 817	1
明碁[2]（1984）	T	1 207	1 077	1 700	20	同上	同上	同上	同上
英群（1982）	T	261		720	142	—	—	—	—
台达（1971）	T	697	934	3 928	38	4.6	4.4	49 617	10

① 我们将在第四章讨论企业集团。此处列入表 2.11 是因为有些电子公司已发展成集团（宏碁、大同和东元），有些集团也成立了电子公司（台塑）。

（续表）

公司	创始人	核心公司				集团			
（核心公司成立年份）	T/R[1]	营业收入（100万美元）	资产（100万美元）	员工数	五百大公司营收排名	营业收入（10亿美元）	资产（10亿美元）	员工数	百大集团营业收入排名
致福（1979）	T	584	547	5 151	42	1.7	1.2	7 144	42
英业达（1975）	T	2 032	1 162	3 922	8	2.6	1.6	10 335	27
光宝（1975）	T	406	513	10 760	72	2.5	2.7	34 771	29
广达（1988）	T	2 399	1 241	3 475	5	2.5	1.9	3 497	30
大同	T	1 958		11 355[3]		4.4		33 423	12
东元	T	675		3 213		2.9		10 077	26
力捷（1987）	T	338	376	489	103	1.3	1.1	2 035	55
智邦（1988）	T	306	348	1 200	121	—	—	—	—
友讯（1987）	T	329	326	1 300	109	—	—	—	—
台扬（1982）	R	95	167	867	362	—	—	—	—
瑞昱（1987）	T	102	121	304	338	—	—	—	—
台积电（1987）	T	2 330	5 142	7 500	6	3.2	9.6	10 887	19

注:“—”表示不属于任何集团。

1. 公司创始人学习及主要经历背景:T = 中国台湾本地人;R = 留美学人。

2. 明碁电脑在2000年更名为明碁电通,于2001年年底宣布自创品牌BenQ,2002年更名为明基电通,并从宏碁集团独立出来(明碁电通公司网页)。

3. 2000年资料。

资料来源:公司年报及“中华征信所”,1999年。

表 2.11 受访集团 1999 年概况

集团（成立年份）	创始人 T/O*	营业收入（10 亿美元）	资产（10 亿美元）	员工人数	核心产业	百大集团排名（营业收入）
宏碁(1976)	T	15.2	9.6	17 817	资讯产品	1
国泰人寿(1962)	T	11.3	35.2	36 518	人寿保险	2
台塑(1954)	T	10.8	33.7	60 385	石油化学	3
统一(1967)	T	7.6	15.1	25 653	食品加工	6
长荣(1968)	T	6.7	11.8	13 347	航运	7
远东(1954)	T	5.2	18.4	25 812	纺织	8
大同(1918)	T	4.2	6.8	33 423	电子电器	12
“中国钢铁”(1971)	O	4.0	8.6	11 680	钢铁	14
润泰（1953）	T	3.3	13.3	22 554	纺织	21
东元（1956）	T	2.9	3.9	10 077	电子电器	26
台聚（1965）	O	1.0	1.7	3 533	石油化学	63

注：* 集团创始人学习及主要经历背景：T＝中国台湾本地；O＝其他。“中国钢铁”起初是公营企业。台聚是美商 National Distillers & Chemicals 公司创立的，后来卖给了港商。

资料来源：公司年报及“中华征信所”，1999 年。

扩充产能

扩充过程多少有点矛盾，因为它既快且慢。一旦启程，它就会快速前冲。但是领先厂商的经理人表示，在开始增长之前，他们度过了一段艰苦学习的时期，期间饱尝亏损滋味。不仅笔记本电脑和移动电话制造商如此，据说这个模式也是许多半导体从业者的共同经验。

扩充过程前端须经过一段缓慢时期，主要原因是扩充产能通常和多元化经营同义。它涉及一个厂商从生产某种产品，转为生产另一种产品，从经营某个需求已告枯竭的成熟产业，到进入另一个全世界需求仍在增长的产业。

有的时候,厂商干脆停止生产旧产品,但更多的时候它是一边继续享受旧产品的稳定收入,一边趋向多元化。

首先,让我们看看快速周期。

产品成熟度

在第二次世界大战后的半个世纪,中国台湾所有主要电子出口品都是成熟产品。产品成熟,可能意味着毛利越来越少,但也意味着核心技术——基本产品设计和制作工艺——俯拾即是。核心技术容易取得有助于产能提升,辅以当局领导的研发,使中国台湾厂商能够将核心技术商品化(详见第三章)。

判断一个产品的成熟度,或年龄,很容易引起争议,是因为它在先进国家(地区)的确切诞生日期,以及在后进国家(地区)的初次制造日期,都很难确定之故。前者难以断定,是因为一个产品在获得明显的商业突破之前,通常有一段漫长且涉及不同关键零配件的创新时期。后者容易引起混淆,是因为牵涉到一群小而早熟,但死亡率很高的厂商,生产情况很不稳定。在这些条件的局限下,我们勉强可以将中国台湾的第一个高价值电子出口业,即电视机产业,诞生于世的日期,追溯到美国商业电视广播起飞的1946年、1947年(第一个雏形电视系统于1926年首次在英国试播,美国则在1927年首次试播,英国也是第一个在1936年开始定期播映电视节目的国家)。战后在彩色电视方面有后续创新,而刺激大量生产的重大创新是在显示器(网罩映像管问世于1950年,是RCA公司发明的)和调频器上(自动微调功能问世于1965年,是Magnavox公司发明的)(Levy,1981)。

中国台湾在日本技术协助下,于1962年开始播映黑白电视节目,比美国晚了大约23年,比日本晚了10年。如前所述,中国台湾于1964年开始生产黑白电视机(早在20世纪40年代中国台湾厂商已开始制造收音机了),是因为获得了美商直接投资和日商合资企业的帮助。中国台湾开始生产彩色电视机约在1970年左右，距离RCA的关键技术突破已有差不多20年了（Lin，1986）。

在集成电路（IC）产业方面，台湾的IC组装作业最初附属在电视机制造作业之下；直到20世纪50年代后期，晶体管还是各自独立的器材——个别晶体管必须和其他晶体管连在一个电路板上，IC则是单一芯片，上面有不止一个有效器材。德州仪器公司是集成电路的开山鼻祖，率先推出研究计划，将半导体制品（晶体管、电阻器、电容器）重新组合成单一组件，以减少电路之间的连接。1958年，德州仪器开发出第一个集成电路原型。[①]

中国台湾半导体产业的起源可以追溯到1964年，那一年通用器材公司（美商）在中国台湾新成立的加工出口区，兴建了一座集成电路组装厂，其他美国公司如德州仪器和RCA，以及欧洲公司如飞利浦，则是在1969年至1971年间相继来到中国台湾，投资于类似的出口导向的组装活动（Mathews and Cho，2000）。比起电视机，中国台湾半导体产业的落后时间较短，但它的生产过程也比较简单——在中国台湾，电视机的组装和不久后电视映像管的制造，是较IC组装更为复杂的运作。

个人电脑（微电脑）产业的始祖是大型主机和迷你电脑产业，还有集成电路产业，特别是英特尔公司在1969年发明并于1974年改进和简化设计的微处理器。传统上把微电脑的生日定在1975年1月，那一期的《大众电子》（*Popular Electronics*）上有一篇文章讨论业余电子爱好者制造的一种类似个人电脑的设备，引起广泛注意。至于微电脑这个产业，则通常追溯到1977年，那一年有三个新（而且互不兼容）的机器上市：Apple II、Commodore Pet和Tandy TRS-80。直到1981年IBM推出PC，产业典范才因此而得以奠定。1982年至1987年是第一个PC兼容机（clone）时代，竞争白热化，新公司如雨后春笋般冒出，产业重整一触即发，是那个时代美国个人电脑业的写照（Langlois，1992）。

① 引自Reid（1984）。这方面的摘要讨论，请阅Ruttan（2001）。

PC兼容机在中国台湾的生产,可以追溯到宏碁(成立于1976年)和电子工业研究所(中国台湾当局创办的工业技术研究院下属的一个部门)。宏碁的前身是由几位工程师(包括施振荣)一起创办的,其中多位是台湾交通大学的理工硕士。1981年改名为宏碁电脑公司,并迁入新竹科学工业园区,由施振荣先生担任总经理。1984年,宏碁电脑与电子工业研究所合作开发出16位PC系统。[①] 1986年宏碁成功开发出32位PC系统,从此声名大噪。所以PC兼容机在中国台湾的初次制造,是IBM PC在美国确立典范、一统江湖的四年之后,距离美国个人电脑产业的创始大约是九年。在一些例子里,先进国家或地区的个人电脑主承包商(戴尔),与它在中国台湾的分包商(广达)一起成长。两者的差异在于功能,主承包商负责基本设计(不论从外面买回来还是自行设计)和营销,分包商负责细部设计(零配件的整合)和生产,前者的所在地邻近最大的顾客基础和最先进的技术来源,后者的所在地则邻近供应大量低成本工程师的地方。

移动电话在抵达中国台湾工厂之际的成熟度如何,可以从产出资料推知。1999年,当中国台湾初次制造移动电话,产量达到将近300万部的时候,"主要公司"的产量已达2.57亿部了。[②] 据说主要公司开始把生产工作外包出去,是因为其毛利率已跌破30%的关卡。[③] 故我们可以推断,在高科技产品的初期和成熟阶段,主要和次要公司,或先行者与后起者,不仅功能有别,获利能力亦不同。

---

① 私人制造的非法苹果电脑仿制品出现在20世纪70年代后期(引自Langlois,1992,原文出处:"High-tech Entrepreneurs Create a Silicon Valley in Taiwan", *Business Week*, August 1, 1983;以及Daniel Burstein,"The Asia Micro Pirates", *Datamation*, May 15, 1984)。仿冒机在中国台湾PC学习过程中的角色,可能与业余电脑爱好者在美国微电脑产业中的角色旗鼓相当。两者皆代表高科技产业的一个阶段,不过此阶段生产者的存活率很低。

② 引自张正一等,2001年3月,pp. 33—36。

③ 在重型电信设备方面,例如数位交换系统,先进经济体的突破(来自爱立信、NEC和ITT等公司)出现于20世纪70年代初期,而巴西、韩国和印度的生产则是在政府大力支持下,始于80年代初期(到了2000年,中国台湾在发展该产业上的进度落后于这些后进经济体),请阅Goransson(1993)。从世界尖端技术突破到后进经济体开始制造,时间差距最短者,可能是新加坡的硬盘驱动器制造业。据估计硬盘驱动器的先驱者希捷科技(Seagate Technology)在美国成立的时间是1979年,在新加坡设厂的时间是1982年(Wong,1999)。

通过检视以上这些产品，我们发现成熟是其共同特征。[1] 由于成熟，才有可能迅速扩充产能。

创业精神

在中国台湾，几乎每一家大电子公司的背后都有一位“巨人”，也就是那些能够当机立断，做出扩充决策的创业家兼业主。即使公司（或企业集团的子公司）股票已在台湾证券交易所（1999 年共有 462 家公司的股票在此交易）挂牌上市，“巨人”仍握有控制性的股权。[2] 电子业虽以专业精神著称，但直至 2000 年，电子公司在挑选一位负责人来替公司运筹帷幄、拟定长期决策的时候，仍是以“所有权”而非“杰出管理技能”为选拔标准的。所有权与经营能力可能集一人之身，这在第一代业主的身上尤其显著——到了 20 世纪 90 年代，第一代业主继续执掌经营大权的情形在台湾电子业比比皆是，尽管该产业最老的公司大部分成立于 70 年代。巨人坐在顶端，职业经理人处于中层和基层的模式，使这些大企业兼具分层管理和迅速反应的优点。巨人症候群的主要后患是狂妄自大，还有悬而未决的接班问题。

在第一代业主中，最富创业精神之一的是广达的董事长林百里。林百里在大学时代学的是工程，毕业后从“旧经济”拿到一笔钱，跟几位朋友一起创办了金宝电子公司。在总经理林百里的领导下，金宝成为全世界最大的计算机 OEM 制造商。1982 年，金宝集团成立仁宝电脑公司，从事电脑组装工作。六年后，林百里离开仁宝，创办广达，从最初的 14 人起家，不久后就发展成中国台湾最大的笔记本电脑制造商。仁宝、广达和英业达这三家公司，在 1996 年均位列中国台湾十大电脑及周边设备公司（见表 2.12）。除了不曾投资于

---

① 一些最初进口，后来在中国台湾生产的高科技零配件，往往也是成熟产品，例如 CD-ROM。中国台湾开始生产 CD-ROM 的时候（约 1994 年），世界产出已逼近 1 800 万台，详见第三章。

② 例如台达电子，董事长郑崇华及其家族是通过直接持有旗舰公司台达电子 18% 的产权来控制集团的。“据说郑先生也间接对几家公司，亦即 Deltron Holding 和 Deico International 行使控制性的影响力，那些公司也是台达电子的大股东。”（Ong，2000，p. 70）

营销之外，它们都是出类拔萃的后起者。

表 2.12　中国台湾前十大电脑公司营业收入排名，1986—1999 年

公司	所有权	1986	1991	1996	1999
台湾王安电脑[1]	F	1			
台湾慧智[2]	F	2			
迪吉多电脑[3]	F	3	5	9	
宏碁电脑		4	1	1	1
诚洲		5			
台湾真力时	F	6			
康懋达电子	F	7			
神达电脑		8	2		10
诠脑电子		9	8		
明碁电脑		10		4	9
旭青			3		
大众电脑			4	3	7
中强电子			6	10	
台湾虹志电脑	F		7		
仁宝电脑			9	7	6
精英电脑			10		
英业达				2	3
致福[4]				5	
源兴科技				6	
广达电脑				8	2
鸿海精密工业					4
华硕电脑					5
华宇电脑					8

注：F = 中国台湾地区以外的人持股比例超过 50% 的企业。

1. 被统一集团收购。
2. 台湾慧智于 1989 年被和信集团及“行政院开发基金”等收购。
3. 被英业达收购。
4. 被光宝集团收购。

资料来源：“中华征信所”，1990 年，2000 年。

这些高科技界的创业家是谁？哪里人？受过什么高等教育？

根据流行说法，20世纪90年代的中国台湾创业家，主要是来自加州硅谷的华裔美籍工程师和科学家（Saxenian and Hsu，2001）。事实上，从中国台湾电子业在90年代错综复杂的学习途径来看（我们已发现两条途径，一条的起点是电视机和监视器，另一条的起点是电子计算机），中国台湾土生土长的模式可能才是常态。[①] 最了解中国台湾商业体系的人，恐怕还是本地培养的人。例如广达的董事长林百里，他生于上海，长于香港，是会计师之子。但他受教育于台湾大学电机系。宏碁的创办人施振荣在台湾出生，在台湾受教育，英业达的创办人和华宇的创办人也是如此。[②] 我们调查的电子公司中，只有一家（台扬科技）是海归学人创办的（见表2.10），而该公司在几年前曾因过度扩张而一度陷入困境。很多企业集团成立的时间都比电子公司早得多，其创办人在台湾出生、受教育的可能性更大。我们访问的集团中，只有一家（"中国钢铁"）偏离常态，最初是一家公营企业（见表2.11）。台湾聚合化学品公司是一个以石化为主、比较小的集团，原先由美商 National Distillers & Chemical 公司直接投资，后来在1981年卖给一家港商。

即使到了20世纪的尾声，即使在新竹科学园区这样提供高级住宅和双语教育环境，最可能吸引海归学人落户的地方，绝大多数的园区公司仍不是由受过美国教育的中国台湾人创办的，遑论拥有美国居留权或公民身份的华侨或海归学人了。1999年园区内共有284家公司，其中110家是由受过美国教育的工程师创办的，他们有的在中国台湾出生，有的不是（Saxenian and Hsu，2001）。就算大部分新成立的公司是美籍华人创办的，资金仍然是中国台湾人提供的，反之则否。以新竹科学园区为例，外资占实收资本额的比例在20世纪90年代滑落，从超过20%，跌到10%以下。侨资比例同样下滑，从1988年6.9%的高峰，跌到十年后0.5%的低谷（见表2.13）。所以，中国台湾电子业

① 中国台湾在2000年估计有11 706位专业工程师可能曾在全美各地甚至世界各地求学就业。例如中国台湾的"贝尔实验室俱乐部"，即号称有大约250位会员。没有任何证据显示从硅谷回来的工程师比例特别高（"行政院国家科学委员会"，2000a）。

② Harvard Business School（1993，1994）；以及 Mathews and Snow（1998）。

的历史,从20世纪50年代后期的草创时期至今,是一部中国台湾本地公司逐渐取得领导地位,并且逐走外地直接投资者的历史(见下面的讨论)。

表2.13 新竹科学园区:历年实收资本额,依资金来源区分,1986—1998年

年份	总计 (新台币百万元)	侨资 (%)	外资 (%)
1986	5 707		32.7
1987	10 560	3.6	26.4
1988	15 832	6.9	24.2
1989	28 223	5.7	23.7
1990	42 692	4.6	20.7
1991	55 112	4.7	20.7
1992	62 827	4.4	19.9
1993	66 890	4.5	17.0
1994	93 498	2.6	10.3
1995	147 698	1.7	10.4
1996	258 353	1.0	11.7
1997	375 647	0.7	11.6
1998	510 628	0.5	9.4

资料来源:"行政院国家科学委员会",历年b。

在中国台湾,多亏各式各样的纪律,降低了"伟大领导人"的风险。激烈的市场竞争就是其中之一,包括岛内和海外的竞争。另一个纪律是吸引最优秀人才的能力——或缺乏这种能力。"巨人"的管理风格越缺少个人色彩,越非任性善变,他的公司越容易吸引和保留那些追求工作挑战性、升迁机会和股票红利的专业人士(直到2000年股票选择权在中国台湾犹未合乎法规)。

技能

迅速增长得力于一大批有经验、有技能的经理人和工程师。人才回流对于中国台湾电子业的技能养成非常重要,不论是从硅谷回来,还是从中国台湾工程师和经理人求学就业的其他任何地点(譬如,贝尔实验室附近的纽约/新泽西地区,或德州仪器公司附近的奥斯汀/休斯敦地区,或IBM附近的纽约

上州哈德逊河谷)。海归学人提升了中国台湾的研发水平和专业管理品质。

中国台湾电子业的专业管理程度参差不齐,依本地人所有权的性质而定。传统上以电子为核心能力的企业集团,如大同、东元[①]和光宝,负责策略性企业决策的总部通常非常小。[②] 总部小,暗示专业人士甚少参与最高管理决策。以东元为例,它在2000年的营业收入超过20亿美元(这使它在中国台湾的企业集团中排名第26位,如表2.11所示),但负责多元化经营决策的特别小组只有六人!光宝集团的营业收入比东元略高一些,总部也才12个人。主要笔记本电脑制造商如广达、仁宝和英业达,均由最高层亲自管理,大众电脑(台塑集团的子公司)亦是如此。另一个极端是台积电和联电——世界晶圆业的两大龙头,两者都是专业化管理。宏碁集团的管理模式可能较接近台积电和联电,较不似典型的家族企业。[③] 不过,台积电和联电虽属例外,却仍证明上述定律为真,因为这两家公司虽然连最高层都是专业化管理,但它们不是私人持股公司。台积电是中国台湾地区和飞利浦(荷兰)的合资企业。虽然台湾当局邀请民间投资者入股,但没有一位“巨人”能够凭私人持股掌控大权。即便如此,台积电的管理方式其实和私人公司差不多,处处可见一位精明干练、魅力型董事长(张忠谋先生,一位美籍华人)的影子,联电的董事长(曹兴诚)亦是如此。

海归学人除了担任专业经理人之外,也教导本地电子公司有关成熟技术的最新应用。例如,台达电子是一家以电源供应设备(SPS)见长的多种零部件制造商,它跨入通信领域,便与招募延揽一位重要的在中国台湾出生的美籍科学家有关。台达电子的高分辨率、大屏幕液晶显示器计划,建构在三片特殊硅晶之上,这些硅晶在索尼公司(Sony Corp.)的控制下经常缺货。台达电子因为是索尼的ODM制造商,所以能够取得硅晶。拥有一个大型设计团

---

① 东元未列入表2.5与表2.12的十大厂商,一方面是因为东元集团的营业收入不综合计算的关系,同时“中华征信所”自1985年开始,将电机与电脑两个次产业从电子业(电机电子业)中分列出来,东元电机只位列电机产业的排行榜。

② 这也是欧洲、美国和日本的企业集团总部的特色。

③ 关于宏碁的管理风格,无论个人还是专业风格,请阅 Harvard Business School(1993)的评论。

队,是它赢得索尼支持的条件,团队领导人 Harry Chen 博士是台达电子从美商 Hughes Display 公司挖角回来的。为了将电源供应的主要业务从电脑转至通信,台达电子求助于弗吉尼亚州立理工学院电机系主任 Fred Lee 博士。Lee 博士帮它在弗吉尼亚州普莱兹堡成立了一座研发实验室(后来迁至北卡罗来纳州的三角科学园区)。虽然这座实验室不“研”只“发”,但是对台达电子培养通信电源供应方面的技术功不可没,使它能够一举拿下美商思科公司(Cisco Corp.)价值 7 000 万美元的合同。此外,台达电子在波士顿和波特兰两地均设有研发中心。

不过,中国台湾电子厂商有多重渠道取得最先进的技术,并不是仅靠有人才回流,或逆向工程,或投资于中国台湾地区以外的“情报搜集站”或研发实验室(其中不少后来都关闭了)一个途径。没有一个渠道长期独霸,虽然当局所属的研究机构日益重要(详见第三章)。电视机的技术是外商直接投资带进来的。电子计算机和电话的技术是从模仿开始的。笔记本电脑的技术主要来自官方研发机构和外资厂商。监视器和薄膜晶体管液晶平面显示器(TFT-LCD)的技术,是通过合资企业或技术授权合同买来的。在中国台湾的技术采购中,电子业的比重大于其他任何产业:1990 年和 1992 年约占总额的 57%,1997 年和 1998 年约占 75%(见表 2.14)。在 20 世纪 90 年代,电子业的技术采购额增长 4.5 倍,虽然中国台湾的批发物价几乎没有上升,GDP 平减指数也仅增加 25% 左右。[①]

表 2.14　中国台湾以外的技术购买,按行业类别分,1988—1998 年

单位:新台币百万元

行业类别	1988	1990	1992	1995	1997	1998
A. 电子电器业	2 033	6. 970	7 781	11 673	26 162	31 605
B. 所有行业	7 772	12 298	13 733	19 119	34 699	41 651
A/B (%)	26	57	57	61	75	76

资料来源:“行政院经济部”,历年 a。

① 关于物价,参考 CEPD(历年)。

由此可见，电子业在20世纪90年代能够急速扩充产能，是因为大部分公司系由最高层牢牢掌控，这种管理方式想必有利于迅速（虽然有时不一定是明智的）决策。这些公司的CEO等通常在中国台湾出生，或在中国台湾成长受教育，他们熟悉中国台湾商业世界，故能在里面畅行无阻。他们从各种来源得到先进管理和技术人才的帮助，包括华裔美籍专业经理人、高级科学家和工程师，这些人不尽然来自硅谷，而是来自全美各地（乃至世界各地）。

制造流程

电子公司能够快速扩充产能，是利用旧经济和外商公司撤离后留下的闲置厂房。公司本身具备的生产工程技能，使它们能够整修厂房设施，改成自动化生产。在中国台湾扩充产能所累积的计划执行经验，日后又提供了它们在东南亚和中国大陆进行全球化所需的技术。

举例而言，华宇电脑的老板为了尽可能在最短的时间内扩大产能，以便赢得康柏电脑（Compaq）的订单，遂买下一座现成的大工厂；短短几个月内，月产量从9 000台跃升到8万台（卢智芳，1998）。英业达为了跨入笔记本电脑产业而裁减了自己的计算机生产线。它也向业务收缩的其他产业，如消费电器业和纺织业，租赁或购买厂房。改建旧厂或兴建新厂的工作，系由英业达自己的工程师负责，同一批人也负责设计和建造生产设备，供扩建后的工厂使用。英业达做了一个策略性的决策，在组织内部经常“储备”一批设备和工业工程人员，以便永远“走在时代前面一步”。和大部分主要笔记本电脑组装厂一样，英业达旗下甚至有一个建筑部门，以确保工厂的建造和维修工作能够及时完成。多次扩充的经验，加上投资于培训，使英业达累积了计划执行技能，而且变得非常善于多元化。

如前所述，中国台湾电子业的自动化生产早在电视机组装时代就开始了。量产日渐重要，自动化的脚步亦随之加快。例如台达电子，这家在世界各地雇用近5万人的公司（见表2.10），在创业初期便成立了一个独立的自动化部门。到了2000年,这支团队已有50位生产流程自动化人员,专门替台达电子的全球运作设计和开发自动化生产设备。[①] 谈到成果,“在过去,自动化部门开发的自动化设备,对我们业务的快速成长贡献良多。现在,自主建造自动化设备的能力,使我们能够及时扩充产能,更有效地满足顾客日渐增加的需求”(台达电子1999年度报告)。

友讯科技是一家制造家庭和小办公室用的网络卡、集线器、交换器及其他通信设备的厂商,在全世界雇有3 300名员工。它强调生产工程对于竞争的重要性:

> 获得规模经济是降低成本和改善竞争力的关键。当友讯进军全球之际,本公司不但在利用规模经济上做出巨额投资,并且在战略重点上布置制造技术,以发挥最大效果(1999年友讯公司简介)。

友讯在台湾的生产设施包括一座设在新竹科学园区的全自动化工厂,该厂的核心是五条采用表面黏着技术(surface mount technology,SMT)的生产线。基于运转这些生产线的经验,友讯在东莞市建造了一座大型新厂。东莞厂于1998年启用,三条SMT生产线日夜运转,充分利用产能。友讯在大陆的扩张采取循序渐进的方式,这种做法有利于边做边学。当需求够大时,再增加两三条SMT生产线,未来全部产能计划扩充到14条生产线,以达到量产的目的。

从按厂商规模来分的员工平均固定资产净值(average net value of fixed assets)和平均工资这两项数据,可以看出自动化的兴起乃是因应规模经济之需,而非解决工资逐渐升高的问题。在电子业,自1991年以来,员工在500人以上的厂商,其员工平均固定资产净值上升的速度,快于员工在100人以下的厂商(见图2.1)。电子业的大公司变得相对地更资本密集(用员工平均固定资产额来衡量)。这反映了相对规模而非相对工资(恰似过去在电视机

① 例如,从绕线到组装成品再到测试的全自动化磁性组件生产系统;自动化线上统计品管生产线;薄膜及厚膜自动传送系统;自动仓储系统;自动铝箔卷绕系统;以及电池整厂自动化生产流程及设备。

产业上的情形)，从按厂商规模来分的平均工资变化可以得知。自1991年以来，员工少于100人和多于500人的电子厂商，工资上涨幅度差别不大，肯定不如两者在固定资产增加幅度上的差别那么大(见图2.2)。故我们可以说大厂商变得相对地更资本密集，并不是因为它们的工资上升得比小厂商快，而是因为它们的产量增加得更快，因此引进自动化生产设备更为合理。

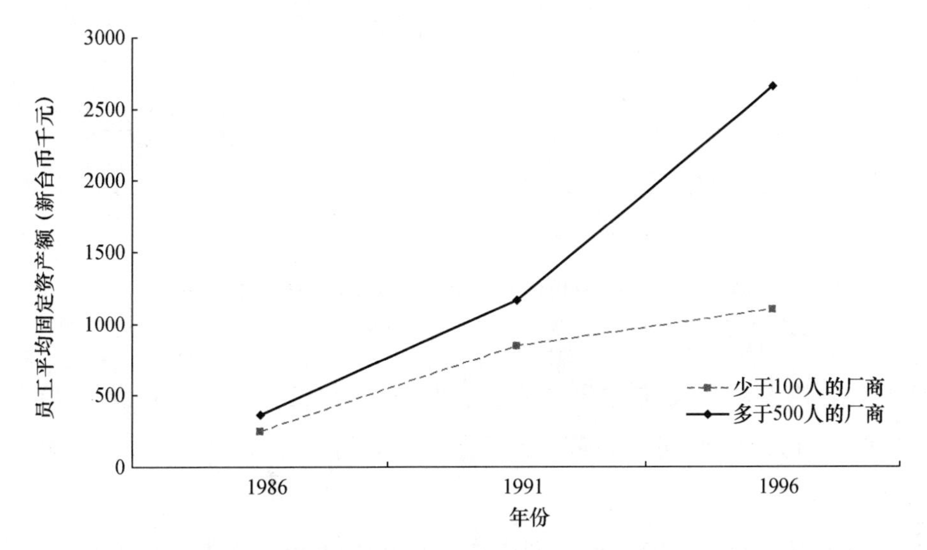

图2.1　电子业员工平均固定资产额，按厂商规模分，1986—1996年

资料来源："行政院主计处"所提供的工商普查资料。

一般而言，厂商在生产或扩产流程上有两类选择，而其选择可能影响增长速度：它们选择自行组装买来的各种零配件，或者将组装工作外包给其他厂商；也选择自行建造自动化生产设备，或者去外面买这些设备。

有的新创小企业开头只是设计和营销公司。因此它们需要请别人代为制造，直到自己拿到一张大订单，有能力筹措资金来建造自己的生产设施为止。成立于1987年，专门制造键盘和光盘机的英群公司，就是这样起家的。智捷科技是一家专门做无线区域网络，成立于20世纪90年代后期的新创小企业，它必须和另一家公司致福结盟，才能同时拿到订单和获得产能。智捷让出25%的股份给致福，交换条件是致福必须提供智捷专用的生产线来满足后者的生产目标。根据智捷创办人谢金生(他是从贝尔实验室出来的

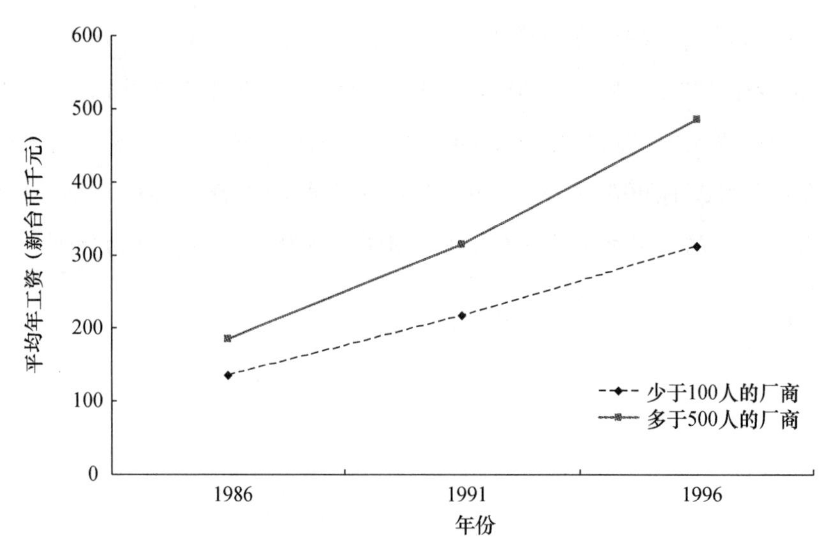

图 2.2 电子业平均年工资,按厂商规模分,1986—1996 年

资料来源:"行政院主计处"所提供的工商普查资料。

250 位台湾人之一,也是中国台湾创投业的元老)的估计,在 20 世纪 90 年代,中国台湾的"后期"高科技新创公司有大约 75% 被更大的企业"显著掌控"。

英业达决定尽可能自己处理生产流程相关活动,"不到最后关头,绝不轻言外包"。其理由是,外包的间接费用高,协调、控制和核实的成本高昂。所以,"如何增加产能是管理高层特别关注的议题"。英群公司把外包当作迫不得已的最后手段,仅在某个重要客户突然需要额外数量时,才肯使用。至于自动化设备,领先的笔记本电脑制造商如宏碁、仁宝、英业达和广达,个个不假外求,自己制造。较小的公司如友讯和英群也是如此。

由此可见,电子厂商似乎仅在迫不得已的情况下,才将本地制作程序外包出去。但这个做法并没有拖慢它们的脚步。因为它们将新的生产设施改成自动化,并且在过程中累积计划执行经验,从而能够迅速扩充产能。

整合

电子公司选择性地整合——包括垂直整合和水平整合——它们的设备(零配件)与服务(一体化设计和供应链管理,或对最终用户的支持)。设计性服务被整合在公司内部(它们将之归类为“研发”活动),使得电子公司的员工人数大幅增加。在进行垂直整合和水平整合上的审慎作风,是迅速扩充产能的另一个关键因素。①

一体化设计

相较于“旧经济”的制造/组装业,电脑业普遍以低度垂直整合著称(Langlois,1992)。所以,当一个后进国家(地区)如中国台湾从仅仅从事组装,到进而包括做零配件的设计、整合和测试时,它是在垂直整合上迈出了一大步。就工程师的人数而言,这是一笔大投资。和电视机制造业的情形一样,许多受雇于笔记本电脑和移动电话产业的工程师,其工作性质是帮公司降低制造成本和缩短产品上市时间,并且增加产品区隔性。

广达是台湾数一数二的笔记本电脑制造商,它在 2000 年共雇用了 700 名设计工程师,占员工总数(5 000 名)的 14%。一年前它有 420 名设计工程师(另外还有 182 名工程师在制造厂),占员工总数(3 400 名)的 12%。② 广达的设计名闻遐迩,间接证明是它替客户设计的产品屡次因轻巧、容易携带、杰出配置而得奖。不过,广达总裁林百里表示,研发合乎时间效益,不合乎成

① 水平整合不见得会影响一个厂商的增长速度。因此我们对此着墨不多。但显然,水平整合渐渐流行。许多企业集团,包括以电子为主业的企业集团,纷纷增加旗下子公司的数目,而不是扩大各个子公司的规模(详见第四章)。譬如宏碁集团,便开展了各式各样水平整合的网际网络业务。

② 广达的设计工程师占全体员工的比例,可能高于中国台湾其他笔记本电脑公司,这是因为广达的业务格外偏重笔记本电脑,而且当时由于当局管制,所有笔记本电脑都是在中国台湾制造,而非海外生产,这使得它的资本与劳工比(capital-to-labor ratio)较高,以致用员工人数来衡量的规模也较小(关于 IT 生产的全球化,见表 2.7)。笔记本电脑占广达的营业总额将近 95%。此外,由于广达有一个大客户戴尔,占了它的笔记本电脑产出的 40%—60%,因此广达派给个别客户的设计团队数目可能低于产业平均值(除了戴尔,广达也是苹果、捷威、惠普、IBM 和西门子的 ODM 供应商)。

本效益。研发使广达的产品能够第一个上市,但不一定最便宜。

英业达是台湾第三大笔记本电脑制造商(见表2.6及表2.12),它在2000年的全球员工总数是10 300人(台湾有4 000人),其中约3 300人是工程师,1 500人是设计工程师。设计工程师占全体员工的比例约为16%,跟广达差不多。英业达也不认为它的设计活动合乎成本效益,因为为了核实自己的工程设计,它必须花很多钱在测试上面。但是设计给了英业达接触最终用户的机会。

表2.15显示了台湾各产业历年来工程师占总受雇员工的比例。电子业的比例,在1988年至1997年间几乎增加了一倍。1997年,电子业的比例高于其他任何产业,仅次于炼油业(炼油业的比例则逐渐下降)。技师的情形也一样。1997年,电子业的总受雇员工中有大约15%是工程师和技师(根据

表2.15　工程师人数占总受雇员工比例,部分制造业,1988—1997年

单位:%

行业类别	1988	1991	1994	1997
食品	1.6	2.2	2.3	2.7
纺织	1.8	2.3	2.8	3.4
成衣及服饰品	0.2	0.2	0.2	0.3
化学材料	3.5	3.9	3.8	4.2
化学制品	1.9	1.8	2.1	2.3
石油	10.2	10.9	9.9	8.3
塑胶制品	0.9	2.1	2.6	2.6
非金属矿物制品	0.8	1.5	3.0	3.5
金属基本工业	1.8	2.2	2.3	2.4
金属制品	0.7	1.1	1.5	1.7
机械设备	1.8	2.9	3.0	3.2
运输工具	3.2	4.9	5.1	5.8
电力及电子机械器材	3.2	5.3	5.6	6.3
总计	1.7	2.7	3.1	3.5

资料来源:“行政院主计处”,历年a。

“行政院主计处”历年统计资料)。工程师和技师的比例不但高而且持续上升,原因有很多,厂商大量投资于一体化设计是其中之一。设计上的整合是促成个人电脑制造商的大规模(就员工人数而言)与弹性(就最先上市而言)的主要因素。一流的一体化设计能力,对中国台湾电子业的扩张速度有直接而巨大的影响。

一次购足

笔记本电脑制造商之所以开始垂直整合进入客户服务部分,是为了顺应供应链合理化及硬件生产利润率下滑的趋势。这导致购并之风兴起,扩充产能的速度加快。扩充速度更快,是因为当供应链合理化时,交易的次数会随着供应商的数目一起减少。

到了2000年,“一次购足”已蔚为电子业的风尚:中国台湾以外的总承包商要求同一家分包商承担生产流程中的更多步骤,包括售后服务。顾客希望一揽子交易,因而寻找有此能力的分包商。这种供应链的合理化(后续供应零配件和相关服务给一个最终买主),往往鼓励生产流程中各步骤的整合。[①] 国巨公司从一家被动组件制造商,到开始向顾客提供一次购足式服务,是一个很好的例子。国巨先前已从飞利浦手中买下两座被动组件工厂。自1996年起,它又陆续购入一家电容器制造商(智宝)和一家电感器制造商(奇力新)。有这两种产品加入阵营,辅以它自己的及时仓储系统,便能形成三种组件的单一渠道,从而降低了交易成本。到了2001年,它已占有中国台湾电阻器市场的70%,成为全世界最大的电阻器制造商,并且赢得Flextronics的一张大订单,这又使它能够更进一步降低单位成本和提高利润率(*Taipei Times*,2001/3/3)[②]。

台达电子为了向客户提供在电源供应上的一次购足式服务,在不到三年的时间内,先后买下十多家公司。许多较小、较弱的SPS公司因此面临不是

① 同样的合理化趋势也开始在中国台湾的汽车业和其他一些运输、机械部门出现。

② Flextronics是一家新加坡公司,专门向其他厂商提供制造服务。

被吞并,就是被迫歇业的命运。“购并的结果是,较大的公司通常拥有大量组件采购的优势,而且掌握规模经济,故能达到低成本的生产,乃至更有效的竞争。”(Ong,2000,p.73)

相较于世界电脑公司,一般而言台湾笔记本电脑公司对服务(包括软件)的投资不足,距离能够提供一次购足式服务还很遥远。以广达为例,该公司认为自己在电脑设计与制造上表现卓越,至于提供售后服务则仍须努力。广达在1999年的全部营业收入分成:笔记本电脑(95.3%),不含LCD的周边设备和组件(3.5%),服务(仅1.2%)。表2.16检视了一小部分世界百大电脑公司,这些公司在1995—1996年的主要收入来自台式电脑,仅有极少收入来自大系统。台湾有四家公司上榜:宏碁、神基、大同和大众。[①] 平均而言,世界电脑公司的台式电脑收入与总收入之比是0.52,四家台湾公司的比率是0.6,两者差别极小。相比之下,世界电脑公司的服务收入(软件加服务器,再加服务和支持的收入)与台式电脑收入之比是1.90,四家台湾公司的比率是0.19,差异实为悬殊。

表2.16 全球百大电脑公司收入分类:台式电脑、周边设备及服务,1995—1996年

全球收入排名	台式电脑收入与总收入之比	周边设备收入与台式电脑收入之比	周边设备收入与总收入之比	服务收入与台式电脑收入之比
台湾公司				
19 宏碁	0.48	0.58	0.28	0.50
72 神基	0.75	0.33	0.25	0.00
75 大同	0.44	0.73	0.32	0.23
86 大众	0.74	0.34	0.25	0.01
世界平均值	0.52	1.10	0.20	1.90

注:服务收入包括软件、服务器及支持服务收入。世界平均值仅计算全球百大公司中大系统收入最少的前25家。它也不包括Oki公司,该公司的周边设备收入与台式电脑收入之比,相较于其他公司显得异乎寻常(太高)。

资料来源:*Computer Industry Almanac*,1996。

① 关于这些电脑公司的排名,见表2.12。大众应可算是台塑集团的一分子(台塑是台湾第三大企业集团),见表2.11。

因此,到了 2000 年,台湾电脑公司由于尽快投资于服务而变得更整合,服务对它们而言是一个较新的领域,可望为它们创造高于硬件制造的利润率。整合往往落后于扩充产能,而非领先,所以整合的结果不曾拖慢增长的速度。

垂直整合零配件

笔记本电脑制造商及其他电子公司非常选择性地垂直整合零配件的生产。有些多元化经营的大公司本身是零配件供应商,垂直整合程度显得很高。举例来说,台达电子的电源供应产品的主要组件是电磁变压器和直流无刷散热电扇。这些组件是自己生产,供自己内部消耗,“以便降低对外部供应商的依赖”(Ong,2000,p. 71)。另一家大型、多元化的组件制造商光宝集团(全世界员工总数 35 000 人),“是基于本身强大的制造基础,经过多年的水平与垂直整合,才建立起来的”(引自光宝集团 1999 年年报)。

不过,恰似台湾的组件供应商仅从事一点点系统组装,大型笔记本电脑系统组装厂(宏碁除外)也仅生产少数几种自己的组件。组装业者这样做是有道理的,因为全世界个人电脑产业通常有较低的整合度(Langlois,1992)。况且,低技术水平的零配件和周边设备在台湾俯拾即是,有很多厂商专门供应这类产品,组装厂大可以和它们维持“中立”关系,并且尽量杀价(留待第三章再讨论)。此外,技术水平较高、可保证高利润率的零配件和周边设备,则必须进口。这两个现象促成了组装业者的低垂直整合度。

可想而知,笔记本电脑制造商的垂直整合,倘若发生的话,必然是以进口替代的形式,出现在某个高科技进口组件供应短缺,而且本地可以在获利的条件下开始生产该组件的关键时刻。2000 年,一个主要组件出现了这样的时机,那就是薄膜晶体管液晶显示器(TFT-LCD)。如果有效率地生产的话(详见第三章),这个组件通常占一台笔记本电脑约三分之一的价值。台湾有六家大厂商进入 TFT-LCD 产业,其中三家是笔记本电脑制造商:广达(使用夏普的技术)、大同(使用三菱的技术)和宏碁(使用 IBM 的技术,由宏碁旗下生产周边设备的子公司明碁与 IBM 合作开发)。不久后宏碁便与另一个进入该产业的集团,即联电(通过它的子公司联友光电),宣布合并两者的 TFT-LCD 事业,组成友达光电,预期该公司将有 6 000 名员工和 9.13 亿美元的资本额。联电集团的董事长曹兴诚表示,“这一行竞争非常激烈,目前在韩国、日本和中国台湾已有 24 家 TFT-LCD 显示器制造商……我相信未来主宰这个产业的公司会淘汰到只剩下不到五家”(Chen,2001,p.17)。

可见笔记本电脑制造商能够这么快扩充产能,是因为它们只做选择性的垂直整合。如表 2.16 所示,台湾有四家厂商(宏碁、神基、大同和大众)在 1996 年跻身世界百大电脑公司行列,这四家公司的周边设备收入占总收入之比,与世界平均值——20%——差不多。根据这个样本(限于百大公司中仅有很少的收入或毫无收入来自大型电脑主机者),平均来看,台湾的大电脑公司似乎并不比世界大电脑公司更整合或更不整合,虽然个别来看,世界百大电脑公司的整合度相差较大。

将一体化设计技能整合到企业内部,缩短了产品上市时间。低技术零配件的本地采购,减少了扩充产能所需的资本,并简化了必要的后勤作业。高技术关键组件的取得,则是靠进口替代,如 TFT-LCD,或直接进口。产能的提升继而使组装业者可以在组件进口上获得优先待遇,这一点容后再述。

前置计划

台湾厂商虽以灵活和敏捷著称,但进入“新”产业仍须经过漫长、昂贵的预先筹划和准备工作。既存公司要跨入一个新产业,除了成立新的、有机的子公司之外,购并也是一个常用的手段。但多元化是一条荆棘满布、危机四伏的道路。不管速度多快,扩展至新的产业绝非不费吹灰之力,从下面几个例子便可得知。

致福在进入无线电话领域之前,先在研发上投资了四五年,该公司的概况见表 2.10。它的投资包括招募有经验的电信专家(曾在贝尔实验室担任研究员的苏元良,后来成为致福的总经理)。但是致福从其传统产品,即调制解调器,延伸出去的范围太广,除了移动电话,还进入监视器、笔记本电脑、系统电脑等其他领域。过度扩张令它债台高筑。光宝集团趁机买下致福25%的股权并控制了它的董事会。光宝本是一家多元化经营的组件供应商,制造经验来自德州仪器和戴尔。此举让光宝在一夕之间取得通信和网际网络方面的核心能力。间接地,光宝也取得了智捷的股权。智捷是一家无线网络封装公司,刚开始只有20个人。由于过度乐观,也由于它的工程师的知识水平与世界顶尖水平有巨大差距,它头五年的路走得倍加艰辛。通信科技的未来走向很难预料。智捷于1995年展开无线区域网络计划,但无线区域网络标准直到1997年才制定出来。智捷的总经理谢金生表示,求才和训练的困难,"差点搞垮"他的公司。最后它靠让出部分股权给致福,才筹到2 500万美元。不久之后它的净值就蹿升到3亿美元。所以智捷是通过与致福的关系,成为光宝集团的一员。就像许多成立于20世纪90年代的小公司一样,智捷无法凭一己之力扩充产能。

瑞昱半导体是台湾诸多IC设计公司之一,创办人是四位毕业于台湾交通大学,然后在联电取得工作经验的工程师,联电则是台湾当局创立的第二大电子公司。1987—1991年,瑞昱仅生产低档消费产品。然后在1992—1993年间,它开始研发通信产品,当时该市场一年增长50%(相比之下,消费产品市场只有稳定的20%的增长率)。增长过程花了四五年的时间。但瑞昱也因之错失PC市场。科技已改变,瑞昱过去生产的声卡已和其他零件整合在一起,所以市场也消失了。

台扬科技公司成立于1983年,是八位在硅谷工作的美籍华人共同创办的,该公司在波斯湾战争中一炮而红,当时CNN记者在传统通信线路切断之后,还能继续提供独家报道,便是靠台扬设计和生产的可携式卫星电话。到了1995年,台扬已过度扩张。它同时进行的计划有22个之多,这使它捉襟见肘。它试图进入电信业,却碰到一个资源局限:有经验的人才难觅。它开始亏损。最后在它的董事之一的建议下,请来一位"惠普人"进行整顿。

英群是台湾第一家生产无声键盘切换器的厂商，当时该产品的单价是20美元。但键盘的价格很快就跌落到4美元。于是英群试图将产品线扩展到光盘设备（CD-ROM、DVD-ROM和CD-RW）。从键盘一下子跳到光盘设备不是一件容易的事情（详见第三章）。因此英群买下它的股东之一——一家新加坡公司的四成股份，此举提供了英群所需的技术援助，因为该股东旗下有一个子公司已经在替飞利浦生产光电产品了。英群也“转投资”（购入非控制性股权）几家本地的小公司，以便“更快跳入新技术”。在购并方面，为了早日取得CD-RW光盘机设计上的经验，英群买下了一家只有15—20人，运作模式像是一间实验室的公司。它买下的另一家小公司，则带给它在无线电频率方面的技术。

英业达成功地从掌上电脑转入笔记本电脑，但转型过程一波三折，充满财务困难。1988年，英业达开始投资于笔记本电脑（以及它自己开发的中文电子辞典软件）的研究、生产和后勤支持。三年后，它开始仿制苹果电脑。当仿制遭法律禁止时，英业达拿到一份合同，开始替真力时生产笔记本电脑，那时真力时还是台湾数一数二的电脑制造商。然而，真力时爆发财务危机，旋即被另一家公司买走。英业达只好改与戴尔合作，但当时戴尔同样陷入财务困难。最后，英业达终于拿到康柏的一张大订单，从此与对方展开长期合作关系。康柏成为英业达唯一的笔记本电脑客户，如前所述，也促成英业达产能的大幅提升。

明碁是帮宏碁集团跨入移动电话领域的子公司，宏碁是继大同之后，台湾第二个由于做出“三管齐下”投资而崛起的首要后起者，它不仅投资于制造和管理，也投资于营销。明碁花了六年时间开发电信技术，以符合GSM标准。台湾缺乏这方面有经验的人力资源，所以明碁必须一切从头做起。对台湾厂商而言，这是一个“庞大”和高风险的计划。

由此可见，在整体经济甚至产业层次的辉煌成长记录的背后，隐藏着厂商层次的盛衰起伏和破产倒闭，连那些开疆辟土率先进入新产业，而且扩充得最快的后起者，也有着不为人知的辛酸。

扩充产能的报酬:规模经济

扩充产能所创造的更大规模,使厂商可以利用两种规模经济。一种与循环信息(recursive information)有关,尤其指一个代工厂大规模地向一个潜在外国(地区)客户发出的正面信号或消息。规模大,可以降低代工的交易成本,使代工厂有资格排队争取利润率最高的合同——也就是那些量大到足以克服组装成熟产品无可避免的低利润率的合同。

下面这个例子说明了代工厂必须具备的运作规模。假设惠普的全球键盘需求量是每个月 50 万个。惠普希望减少供应商的数目,一方面是为了简化运作,另一方面也是为了分散风险。因此惠普可能制定一个运作规则,它向任何一个供应商,譬如英群,购买的键盘数量不得超过惠普全球需求量的 30%,同时任何一个供应商供给惠普的键盘数量,不可超过它自己总产量的 30%。所以,为了每个月供给惠普最多 15 万个键盘,英群的月产能必须达到至少 50 万个。

一般而言,争取一份外国(地区)合同必须通过极严格的考验。通常需要 6—9 个月,从报价开始,接着是评估量产能力,现场检验和检查一百多个项目,然后拟定入围名单,做出最后决定,签约下单,之后是对后续生意进行谈判和重新检验(左恒和,2001)。

厂商"规模大"本身即会向外国(地区)供应商和外国(地区)承包商传达正面信息。组装厂的规模必须够大,才有资格排队等候外国(地区)供应商的最新样品,这些样品中的大部分是进口的,而不是在中国台湾本地制造的。据生产键盘及 CD-ROM 等零件的英群表示,跟主要供应商保持良好关系实属"必要"。如果科技出现变化,供应商的样品等于向英群提供了一份路径图。先进外国(地区)供应商指点英群有关市场未来的走向,因为它们让英群知道领先厂商如何分配研发经费。况且,"如果你的分量不够,你就不能及时拿到样品”。

笔记本电脑产业的组装厂和组件制造商，包括英群在内，一致提到它们的产品至少要有15%的全球市场占有率，才能引起先进外国(地区)供应商的注意。此外，该产业最先进的供应商大部分极其庞大。例如，广达向IBM/东芝/日立购买硬盘机；向三洋/索尼购买电池；向IBM/英特尔购买中央处理器(CPU)；向松下/东芝/第一音响购买CD-ROM。这些厂商不但规模大，而且高度多元化。因此，一份订单包含的产品种类越多，所获得的服务也越好，这也是鼓励代工厂本身进行多元化的另一个诱因。

规模的第二种利益涉及固定要素的报酬，包括：单位设计成本降低；供应商对大订单给予的折扣；与产出一起累进的学习效应。由于一体化设计需要许多工程时间，因此产品的生产期越长，单位成本就越低。[1] 至于学习效应，有些个人电脑公司视之为规模最重要的报酬。销路好而生产期又长的产品，可以让公司尽早走完学习曲线，变得更有效率，因此节省了大量成本。

移动电话时代之拂晓

笔记本电脑业仍欣欣向荣的时候，领先的笔记本电脑公司已着手准备制造移动电话了。生产移动电话用的半导体、零配件和周边设备的公司，也个个跃跃欲试。移动电话是20世纪90年代的典型量产品。它的体积和单价接近电子计算机，零件数目和复杂程度则接近笔记本电脑。但是在技术和商业上，它自成一格。技术上，它属于电信设备类，而非电脑设备类。电信IC通常包含许多类比芯片，设计难度很高。移动电话的零件很难整合。如何缩

① 因电脑具有不可分割性，加上产品周期越来越短，厂商必须组合大量的工程师，同时将许多不同的零配件尽快地整合成一个模型。此外，由于任何一个设计失败的几率都很大，因此在同一时刻需要好几个团队同时工作；团队数目越多，成功的几率越大。既然每一个客户需派一个设计团队(亦即提供一个基本设计给每一个ODM承包商)，而且任何设计都有某些部分可能模块化(包括软件部分)，所以同时运作的团队越多，模块化的报酬就越高。

小电容器和电阻器是一大挑战。它需要高水平的软件。软件与硬件的结合有许多层不同的接口或协定。相较于电脑,移动电话的压缩或分层技术水平要高得多。2000年,世界最先进的无线电话已达到第三或第四层,中国台湾本地的技能才达到第二层。商业上,美国、欧洲和日本三地的环境协定及标准个个不同,把市场切割成好几块,造成潜在供应商不知学习哪一种协定较好的困扰。

在先进经济体中,笔记本电脑公司与移动电话公司通常井水不犯河水,因为它们各自凭自己的产品创新来竞争。相反,在后进经济体如中国台湾,创新的意思是指第一个在本地应用一个已知的技术,故笔记本电脑公司和移动电话公司往往是同一家。

已存在的多元化厂商比新成立的专业化厂商多了三重优势。其一,新厂商缺乏创新技术去建立知名度,老厂商仗着多年来建立的声望,可以赢得最好的外国(地区)合同。其二,老厂商有更丰富的经验,尤其如果旧产品和新产品(例如笔记本电脑和移动电话)在技术、商业上有雷同之处的话。经验使老厂商能够降低生产成本和提高产品品质。其三,老厂商的耐久力强过新厂商,因为其资本更雄厚。它们更承受得起为了追逐全球需求变化而扩增产品种类的成本。成本分两种:一种是内部投资,以便"制造"技能;另一种是外部投资,以便购买技能,有时干脆买下另一家公司。

中国台湾最早开始生产移动电话的厂商是致福、明碁和大霸。大霸是新公司,但它只做OEM制造,不做设计。然后,到了2000年,更多新来者进入移动电话市场,包括华宇、仁宝、大众、英业达和广达,都是笔记本电脑制造商。更晚加入的包括鸿海(大型多元化零件制造商)、所罗门和华硕(主机板制造商),以及奇美这家在石化业根深蒂固,且已跨入TFT-LCD制造业的老公司。因此,移动电话时代的来临,促使领先厂商纷纷进行多元化,结果是增强了中国台湾迈向"大"的趋势。

升级造成的产业层次变化

我们已从历史角度(电视机时代、计算机时代、笔记本电脑时代和移动电话时代),以及厂商观点和后起者的崛起,去分析后进经济体的产业升级。现在让我们看看升级在产业层次上产生的效应。电子业出现的四个根本变化概述如下:从外商所有到本地人所有;本地企业的全球化;由小厂商变成大厂商;市场集中度升高。

从外商所有到本地人所有

在电子业的发展中,自电视机时代结束后,外商直接投资的地位便一落千丈,变化甚为显著(我们将在第四章讨论外资在服务业中的角色)。电器用品业曾是外资密布的世界(见表2.5)。相形之下,在电脑业,到了20世纪90年代初,外资已几乎荡然无存(见表2.12)。飞利浦是一个明显的例外,它位列中国台湾十大外商公司行列长达二十多年(见表2.2),但除此之外,大部分外商电子公司的表现同它们在电视机产业的前辈如出一辙。当工资上涨时,母公司无意改进中国台湾分公司的运作,最后一走了之。所以,从最根本的意义来看,外商在中国台湾黯然失色,是因为它们不愿投资于竞争性资产,包括计划执行能力和一体化设计技能(在电子业方面),那是在后进经济体环境中竞争所不可或缺的。

如前所述,在新竹科学园区的实收资本中,外商的比例持续稳定下滑,从1986年的33%之高,降至1998年的9%之低(见表2.13)。外商和本地厂商在1991年的核准专利件数大致平分秋色,到了1999年已变成几乎是2∶1,本地厂商差不多是外商的2倍(见表2.17)。外商占研发支出的比例一向微不足道,这个指标大致代表对设计的投资。连外商资助的研发在全部研发中的比例也略有下降(见表2.18)。

表2.17 本地厂商及外地厂商申请及核准专利案件统计表,1986—1999年

年份	申请件数			核准件数		
	总计	本地厂商	外地厂商	总计	本地厂商	外地厂商
1986	26 198	18 372	7 826	10 526	5 800	4 726
1991	36 127	22 940	13 187	27 281	13 555	13 726
1992	38 554	26 118	12 436	21 264	12 298	8 966
1993	42 145	29 308	12 837	20 232	13 992	6 240
1994	42 393	29 307	13 086	19 011	12 563	6 448
1995	43 461	28 900	14 561	29 707	20 717	8 900
1996	47 055	31 185	15 870	29 469	19 410	10 059
1997	53 164	33 657	19 507	29 356	19 551	9 805
1998	54 003	34 243	19 760	25 051	16 417	8 634
1999	51 921	32 643	19 278	29 144	18 052	11 092

注:专利是指向"经济部智能财产局"提出申请者。

资料来源:"行院院国家科学委员会",历年b。

表2.18 研发经费占GDP比例及资金来源,1986—1999年 单位:%

年份	研发/GDP	资金来源		
		总计	当局	中国台湾地区以外
1986	1.01	100	42.1	0.5
1987	1.14	100	36.0	0.6
1988	1.24	100	44.5	0.3
1989	1.39	100	35.8	0.5
1990	1.66	100	36.4	0.2
1991	1.70	100	43.0	1.5
1992	1.78	100	45.4	0.5
1993	1.75	100	43.2	0.1
1994	1.77	100	42.2	0.1
1995	1.78	100	38.9	0.1
1996	1.80	100	36.5	0.2
1997	1.88	100	34.3	0.1
1998	1.97	100	32.6	0.1
1999	2.05	100	32.2	0.1

资料来源:"行政院国家科学委员会",历年b。

由于外资企业的相关技能渐渐落后于本土企业,其绩效也相形见绌。在1975年,外商占电子业出口的80%以上。到了1998年,外商占电子业出口的比例还不到8%(见表2.19)。在1984年的外商来台投资总件数中,48%是外商百分之百持股,26%是外商持股不过半的合资企业。到了1998年,只有32%是外商百分之百持股,46%是外商持股不过半的合资企业(见表2.20)。电子业的外商投资逐渐采取合资形式,由本地厂商持有过半数的股份。

表2.19　外资企业占出口比例,按行业类别分,1975—1998年　　单位:%

	1975	1985	1991	1995	1998
食品工业	1.5	2.6	9.3	2.4	7.1
纺织工业	25.9	7.3	3.0	6.9	3.7
矿业	13.3	3.7	8.9	26.3	9.0
金属工业	10.7	5.1	5.6	4.6	1.5
机械工业	22.7	13.6	7.8	12.1	10.0
电子工业	**81.9**	**35.7**	**18.4**	**8.1**	**7.9**
其他	9.1	3.5	5.4	10.0	5.1
所有行业	19.7	10.4	8.5	7.8	7.7

注:外资企业出口值按持股比例加权。
资料来源:"行政院经济部投审会",历年b。

表2.20　电子业外商类别

年份	外商在台投资件数	外商在台投资按持股比例区分(%)		
		100%	>50%	<50%
1974	147	40.8	38.1	21.1
1984	216	47.7	25.9	26.4
1994	241	38.2	24.1	37.8
1998	243	32.1	21.8	46.1

资料来源:"行政院经济部投审会",历年b。

外资企业数目减少,也是因为被本地企业接收之故。如前所述,国巨公司从飞利浦手中买走两座制造被动组件的工厂。统一集团接收王安电脑台湾厂(后来经营未能成功)。当英业达的主要顾客康柏买下美国迪吉多公司(DEC)时,英业达也买下迪吉多在中国台湾的分公司。宏碁买走日立的电视机厂和西门子在中国台湾的 PC 业务。日月光买下摩托罗拉的半导体制造、测试与组装厂,楠梓电子则买下它的印刷电路板制造厂。台积电购入了德州仪器与宏碁合资制造半导体的德碁。

外商在中国台湾的运作模式遂从进行直接投资转为外包代工。据推测,外商在中国台湾直接投资的机会成本变得太高,原因是本地厂商的技能有所升高。

本地企业的全球化

外商从中国台湾电子业撤资,中国台湾电子厂商却在海外进行全球化,从中国台湾的流入与对外直接投资之比可以看出端倪(见表 1.2)。这个比率在 20 世纪 90 年代巨幅下滑。

区域内出现从外商所有到本地人所有的变化,是采取对外直接投资形式的全球化的先决条件。若无本地企业,中国台湾不会成为对外直接投资的基地。[①] 此外,若不了解中国台湾电子业的外资流入历史,则很难参透中国台湾电子业的对外直接投资模式。在这两个例子里(电视机产业是外商进行直接投资,IT 产业是本地企业对外直接投资),起初对外活动都是采取直接投资形式,而不是外包代工。美国电视机产业在中国台湾的运作模式,与中国台湾 IT 产业在中国大陆的运作模式,似乎大部分都是百分之百产权所有。当组装厂去海外投资时,有少数例子是它们在岛内最重要的零件供应商立刻尾随而去(详见第三章)。这些零件供应商最初也是成立百分之百持股的海外子公司。中国台湾厂商宁可拥有产权,也不愿选择外包代工的方式。中国台湾厂商的私有资产(在生产工程和计划执行方面的技能),较适合直接产

① 在阿根廷、巴西和墨西哥,制造业的本国企业相对于外资企业的力量比不上中国台湾,全球化(对外投资)的程度也不及中国台湾(Amsden,2001)。

权所有和百分之百掌控(Hymer,1976)。

电子业是中国台湾制造部门中最大的产业(见表3.3),也是最大的对外投资者。1952—2000年的所有对外直接投资中,包括对中国大陆的投资,电子业占了21%,仅次于金融保险业(见表2.21)。几乎所有IT产品均呈现海外生产比重逐渐攀升的趋势,尤其在中国大陆的生产(见表2.22)。1995年中国大陆仅占中国台湾IT产业14%的产出。到了1999年,中国大陆的比重已达33.2%。

表2.21 历年各行业核准对外投资,1952—2000年

单位:%

行业	不含中国大陆		含中国大陆	
	1952—1983	1952—2000	1952—1983	1952—2000
制造业				
食品及饮料制造业	6	2	6	4
纺织业	8	3	8	4
成衣服饰业	1	1	1	1
化学品制造业	29	5	29	6
非金属矿物制品制造业	9	2	9	3
基本金属及金属制品制造业	5	3	5	5
电子及电器产品制造业	12	16	12	21
其他制造业	10	6	10	15
制造业总计	90	38	90	59
服务业				
批发零售业	—	4	—	3
国际贸易业	9	6	9	4
运输业	—	4	—	3
金融保险业	1	41	1	25
其他服务业	1	7	1	5
服务业总计	10	62	10	41
总计	100	100	100	100

注:“—”表示无资料。

资料来源:“行政院经济部投审会”,历期a。

表 2.22　IT 产品海外生产比例,1993—1999 年　　单位:%

产品	1993	1994	1995	1996	1997	1998	1999
笔记本电脑	0	0	0	0	0	0	3
显示器	20	34	42	43	65	71	73
台式电脑	—	—	9	14	—	88	86
主机板	26	34	44	40	40	38	40
电源供应器	46	—	77	83	89	91	94
光盘机	—	—	25	32	48	60	80
扫描器	0	—	0	0	11	38	58
图形适配卡	29	32	47	29	32	65	63
键盘	68	69	85	93	90	91	92
鼠标	11	32	34	68	79	89	95
声卡	—	—	15	28	64	65	88
视效卡	—	—	0	32	15	18	35
总计	15	21	28	32	37	43	47
中国大陆生产比例(%)	—	—	14	16.8	22.8	29	33.2

注:"—"表示无资料。

资料来源:资策会资讯市场情报中心,历年。

根据 2000 年进行的问卷调查,平均而言,厂商的规模越小,中国大陆占其全部对外投资的比例越高(小、中、大型厂商的比例分别是 79%、73% 和 65%)。对美国的投资则恰恰相反(三者的比例分别是 8.9%、19% 和 33.5%)。电子业对美国投资的比例最高,占其全部对外投资的 30%,相较于机械业的 12% 和化学业的 14%("经济部",2000)。[①] 当中国台湾的技术向世界顶级水平匍匐前进时,它也开始在高成本、高技术的地点如美国做更多投资。

IT 产业西进中国大陆,不仅是看中它的廉价劳动力,也是觊觎它庞大的内需市场。中国台湾厂商认为共同的语言与文化,是它们胜过其他外商的优

① 问卷寄发对象是曾经申请当局核准来中国台湾直接投资的外商企业。有大约两千家厂商回答问卷,回函率约为 81%。

势。现在它们终于可以利用产品设计上的规模经济,去建立自己的品牌了。政治上,IT产业与多元化集团成为重要的游说团体,极力说服当局解除对中国大陆投资的限制。因此,产业升级的效应是将外商逐出中国台湾,将台商推入世界,尤其推进中国大陆,去开采那里蕴藏着更低工资和更大规模经济的宝藏。

由小厂商变成大厂商

外资电子厂商逐渐失势是显而易见的事情,小电子厂商(员工在100人以下)地位衰退却不大明显。传统看法未必属实,这种厂商规模也许从来不是电子业的主力。我们不能从统计上证明这一点,因为1986年之前和之后的数据无法比较,虽然早期电子业研究认为本土企业普遍规模小、管理差、效率低(Arthur D. Little,1974)。雇佣人数和附加价值两者出现不同的变化,使情形更加复杂。在整体制造业和电子业的受雇人数中,小厂商的比重都增加了(见表2.23及表2.24)。小厂商占整体制造业受雇人数的比例,从1986年的48%增加到1996年的58%。电子业的情形也一样,从27%上升到37%。

表2.23 整体制造业受雇人数、附加价值及效率之分布情形,按厂商规模分[1],1986年、1991年及1996年

单位:%

	小型企业 100人以下			中型企业 100—499人			大型企业 500人以上		
	1986	1991	1996	1986	1991	1996	1986	1991	1996
占总员工数比例(1)	48	56	58	28	21	19	24	22	23
占总附加价值比例(2)	31	36	36	25	20	18	44	44	45
效率指数[2](2/1)	65	63	63	89	94	96	183	200	198

注:1. 厂商规模是以员工人数来衡量的。

2. 效率指数是相对于该年所有厂商平均效率(=100)的差距。因此,如果效率低于100即表示低于平均值。

资料来源:计算自“行政院主计处”所提供的工商普查资料。

表 2.24 电子业[1]受雇人数、附加价值及效率之分布情形，
按厂商规模分[2]，1986 年、1991 年及 1996 年 单位：%

	小型企业 100 人以下			中型企业 100—499 人			大型企业 500 人以上		
	1986	1991	1996	1986	1991	1996	1986	1991	1996
占总员工数比例(1)	27	38	37	27	24	22	46	38	42
占总附加价值比例(2)	21	27	22	25	23	19	54	50	60
效率指数[3](2/1)	76	71	59	94	95	87	118	133	143

注：1. 此为制造业中二分位之产业，原全名为电子及电器产品制造业，在此简称为电子业。

2. 厂商规模是以员工人数来衡量的。

3. 效率指数是相对于该年所有厂商平均效率（=100）的差距。因此，如果效率低于 100 即表示低于平均值。

资料来源：计算自“行政院主计处”所提供的工商普查资料。

附加价值的情形刚好相反，在 IT 产业，也是 20 世纪 90 年代中国台湾最大的出口产业，小厂商占附加价值的比例从来没有超过 15%。大厂商在该产业占绝对优势，几乎占附加价值的 70%，连雇佣人数也占了大约 60%。大厂商在电子业的零配件次产业上的优势同样引人注目。500 人以上的厂商占 1996 年电子零配件附加价值的 66%，电脑业的情形也差不多，大厂商占附加价值的 69%（见表 2.25）。

表 2.25 电子业[1]次产业受雇人数、附加价值及效率之分布情形，
按厂商规模分[2]，1986 年、1991 年及 1996 年 单位：%

	小型企业 100 人以下			中型企业 100—499 人			大型企业 500 人以上		
	1986	1991	1996	1986	1991	1996	1986	1991	1996
1. 资料储存及处理设备制造业									
占总员工数比例(1)	17	20	21	37	20	20	47	60	58
占总附加价值比例(2)	13	15	13	36	21	17	51	65	69
效率指数[2](2/1)	78	71	62	97	105	86	110	108	119

（续表）

	小型企业 100 人以下			中型企业 100—499 人			大型企业 500 人以上		
	1996	1986	1991	1996	1986	1991	1996	1986	1991
2. 电子零配件制造业									
占总员工数比例(1)	21	35	30	23	26	22	56	38	47
占总附加价值比例(2)	16	25	16	20	24	18	64	51	66
效率指数[2](2/1)	74	72	53	88	90	81	115	133	139
3. 通信机械器材制造业									
占总员工数比例(1)	15	32	36	28	32	27	56	36	37
占总附加价值比例(2)	13	20	23	33	24	27	54	56	51
效率指数[3](2/1)	85	62	63	116	75	97	96	157	138

注:1. 此为制造业中二分位(产业分类 31)之产业,全名为电子及电器产品制造业,除了上面所列的三种次产业之外,还包括电机、家用电器、照明设备、视听电子、电池及其他次产业。

2. 厂商规模是以员工人数来衡量的。

3. 效率指数是相对于该年所有厂商平均效率(=100)的差距。因此,如果效率低于 100 即表示低于平均值。

资料来源:计算自“行政院主计处”所提供的工商普查资料。

若以员工平均增值总额(value added per worker)来界定效率,那么受雇人数上升,附加价值反而下降的现象,所显示的是小厂商在电子业的相对效率逐渐下降。效率降低,部分反映了技能不足。它也反映了小厂商未能投资于资本设备,以实现规模经济。图 2.1 及图 2.2 显示了小厂商与大厂商(员工超过 500 人)在员工平均工资及固定资产上的不同变化。如前所述,小厂商与大厂商在固定资产上的差异,远大于它们在工资上的差异。自 20 世纪 90 年代初开始,大厂商的员工平均固定资产增长速度远超过小厂商。

我们用员工平均增值总额来衡量效率,是因为附加价值是工资加上利润组成的(利润是产出与投入之间的差额)。因此,附加价值可以看成是两种生产要素:劳动力与资本的收益。由于电子业正在改变产品组合,制造新的自动化设备,翻修旧的厂房设施,以至于无论用资本品的进口值(这是衡量后进国家或地区资本品常用的方法)还是其他任何明显的方法,都不能精确地衡量它的资本存量(capital stock)的价值。所以我们改用员工平均增值总额来代表总要素生产力(total factor productivity)。

为了说明各种规模的厂商历年来的效率变化,我们将所有规模的厂商在同一年的平均效率值定为100,然后计算各种规模的厂商相对于平均值的实际效率指数。根据电子业的效率指数(见表2.24),小厂商在1986年、1991年和1996年的效率分别为76、71和59,远低于平均值,而且相对其他厂商规模(尤其规模最大者)呈现逐渐下降之势。这符合我们先前在讨论大厂商时所说的,大厂商的技能与效率随着产能的扩充一起提升。

在研发方面,小厂商(员工不到100人)和其他厂商的差别甚为悬殊(此处的研发是以研发支出占营业收入的百分比来衡量的)。小厂商的研发比例虽逐渐增加,但仅勉强超过1%而已(见表2.26)。规模最大的厂商,即员工在1 000人以上的厂商,研发比例最高。① 1997年,千人以上的大厂商平均将营业收入的3.1%花在研发上。100—499人的中型厂商的研发活动也增加了,并在1997年达到可观的水平。这些数据指出,规模最小的厂商日益落后,规模最大的厂商加速超前,两者的差距越拉越大,而中大型厂商则奋起直追,投入更多资金在新技术,特别是产品设计上。

表2.26 电子业[1]研究发展经费,按厂商规模分,1988年、1992年及1997年

单位:%

A. 研发经费占营业额比例

员工人数	1988	1992	1997
100人以下	0.7	1.3	1.4
100—499人	1.1	2.0	2.3
500—999人	2.0	2.2	2.0
1 000人以上	2.4	2.2	3.1
总计	1.7	1.8	2.3

① 只有计算研发占营业收入比例的资料才区分员工为500—999人,以及1000人或以上的厂商,其他资料均无此区分。

（续表）

B. 研发经费分配比例

员工人数	人事费用	资本支出	其他[2]
0—99 人	47	20	33
100—299 人	45	14	41
300 人以上	38	11	51

注:1. 工业统计调查资料中此产业原名为电力及电子机械制造业,但定义与表 2.25 相同。

2.“其他”费用是指在研发过程中产生的人事费用之外的经常支出,例如智能财产分摊费用、材料及运作成本。

资料来源:“行政院经济部”,历年 a。

从研发支出分配给劳动力、资产及“其他”项目的比例,可以看出研发性质亦因厂商规模而异(见表 2.26,B 部分)。相对而言,小厂商花很多钱在人员和资产上。大厂商花很多钱在(人事费用之外的)其他经常支出上,诸如购买技术、材料和运作。这表明小电子厂商的研发经费很多是花在软件上的。软件对大厂商(受资料所限,指 300 人以上的厂商)也很重要,但大厂商的研发更偏重材料(如半导体业的例子),以及跟产品设计和零配件的整合有关的运作(如电脑业的例子)。

假设新加入电子业的厂商起初规模很小,那么进一步的数据指出,新创公司的分量逐渐降低。从厂商加入率和退出率可以推知这一点。1991—1996 年间的总加入率,远低于 1986—1991 年那段时期的总加入率,前者是 39.6%,后者是 76.1%(总加入率和退出率的数据及定义,见表 2.27)。电子业的所有主要次产业类均呈现总加入率下滑的趋势:电器用品类,从 98.4% 降至 37.2%;电脑类,从 214.2% 降至 57.0%;电信类,从 80.1% 降至53.0%;电子零配件类,从 87.5% 降至 52.8%。万一中国台湾电子业的电信类,或移动电话以外的某个“新”的成熟产品又热门起来,上述指标亦可能止跌回升。但如前所述,早期加入电信这一行的厂商多为固有厂商,而非新创企业。

表 2.27　电子业[1]厂商加入、退出率,1986—1991 年及 1991—1996 年

	电子业总计	家用电器	电脑及周边设备	通信机械器材	电子零组件
1986—1991					
加入数(家)	5 757	1 073	499	196	1 729
退出数(家)	1 579	-6.3	-116	35	522
加入率[2](%)	76.1	98.4	214.2	80.1	87.5
退出率[3](%)	0.9	-5.8	-49.8	14.4	26.4
1991—1996					
加入数(家)	4 647	828	483	218	1 680
退出数(家)	2 306	318	71	95	564
加入率(%)	39.6	37.2	57.0	53.0	52.8
退出率(%)	19.6	14.3	8.4	23.5	17.7

注:1. 此为制造业中二分位(产业分类 31)之产业,全名为电子及电器产品制造业,除了表 2.25 中所列的三种次产业之外,还包括电机、家用电器、照明设备、视听电子、电池及其他次产业。

2. 加入率的定义如下(以 1986—1991 年为例):1986—1991 年间加入厂商家数占 1986 年厂商总数比例。

3. 退出率的定义如下(以 1986—1991 年为例):1986—1991 年间退出厂商家数占 1986 年厂商总数比例。

资料来源:计算自“行政院主计处”所提供的工商普查资料。

总而言之,电子业在升级之后,小厂商(100 人以下)占附加价值的比例仍然很低,同时它的效率(员工平均增值总额)不升反降。规模最大的厂商(500 人以上),在效率和市场占有率上的升幅最大。

市场集中度升高

台湾一波接一波的热门、成熟产业(收音机、电视机、计算机、录放映机、台式电脑、笔记本电脑,等等),经过激烈竞争的初始阶段,每一个市场的集中度都提高了。我们已谈过本地厂商在技能和最适化规模的工厂上做出投资,鉴于这些投资,我们认为集中度升高与效率提高有关,而非巧取豪夺所致。

尽管后起者是出口导向的，市场集中度仍不免升高。这暗示着后起者优势的确存在，规模经济会产生排挤效应，而且厂商层次的扩张受到抑制：有限的全球需求或稀有的台湾资源（譬如有经验的研究人员和管理技能），限制了一流竞争者的数目。在台湾，率先在大规模工厂上，在（有效率地运作工厂所需的）技术和管理能力上，做出必要投资的厂商，取得了后来者难以超越的优势。

高度集中化的趋势首先出现在电视机产业，它呈现预期中的“S”形曲线。台湾在电视机开始量产以前，市场集中度非常高（见表2.28）；四家厂商占了产出的3/4以上。新厂商的加入和对量产的投资，使集中度一度在1972年暴跌到9.5%。经过一轮淘汰，集中度又回升到介于60%和65%之间，最后似乎在这个水平稳定下来。[①]

表2.28　台湾彩色电视机制造业的市场集中度，1970—1983年

年份	四家厂商集中率（%）	Herfindahl 指数	等同于相同规模厂商数目
1970	76.1	16.4	6.1
1971	36.2	3.6	27.8
1972	9.5	0.3	333.0
1973	41.6	5.6	16.9
1974	54.9	9.4	10.6
1975	59.8	12.3	8.2
1976	62.3	13.4	7.5
1977	65.4	15.2	6.6
1978	60.8	14.1	7.1
1979	65.5	12.2	8.2
1980	64.9	12.9	7.4
1981	65.2	13.1	7.6
1982	63.1	12.8	7.8
1983	62.9	12.3	8.1

资料来源：Lin，1986。

① 关于电视机和VCR产业更晚期的集中度，请阅Sato（1997）。

信息技术产业缺乏可以比较历年变化的资料。我们所能找到最早的四家厂商集中率(或类似量度)是20世纪90年代,而且只有两个时间点。[1] 不过,IT产业从开始生产(1988年)到这两个时间点(1998年、1999年),与表2.28所显示的从1970年开始生产的彩色电视机时期,时间长短差不多;两者大约都是10年。

表2.7显示了IT产业的集中度。由于IT产业的市场集中度不完全是用四家厂商集中率来衡量的,因此很难拿它来跟电视机产业的市场集中度做精确比较。不过,有些IT产品(1998年)集中在四家或更少的厂商手中(视效卡、声卡、台式个人电脑、键盘和鼠标),其市场集中度与彩色电视机在1976—1983年间的市场集中度相比,若非相同,就是更高。不论这些差异如何,有一个主轴明显贯穿二者:经过十多年的竞争,这两个产业的市场集中度似乎都变得相当高了。四家厂商(或多或少)集中率达到60%或更高,虽然某些IT产品的集中率似乎尚未尘埃落定,尤其是台式个人电脑。如果将领先厂商之间千丝万缕的持股关系考虑在内,则集中率甚至更高。1999年五大笔记本电脑制造商(广达、宏碁、英业达、仁宝和华宇)的五家厂商集中率(CR-5 ratio)估计是78.6%,而如前所述,英业达持有广达25%的股份,这两家公司又与仁宝关系密切,仁宝的创始人之一也是广达的创始人。

台湾电子业的其他部门缺乏关于集中度的资料,但据产业领导者表示,集中度很高。如前所述,电子计算机的生产控制在五家厂商手中。据说光是国巨一家公司,已占有电阻器市场的七成。在无生产线(fabless)的IC设计业方面,估计七大公司占总营业收入的六到七成,而且它们各据一方,在不同的市场部门称雄。[2] 在2000年,移动电话生产者仍处于紧锣密鼓的学习阶段,但淘汰弱者的趋势已蠢蠢欲动,TFT-LCD产业亦然。此外,在移动电话和TFT-LCD产业,不仅市场集中度预期会升高,同时因为移动电话的主要厂商

---

① Dedrick and Kraemer(1998)。

② 根据与瑞昱半导体执行副总经理陈进兴的访谈资料,2000年8月。

可能继续是笔记本电脑或其他电子产品的既存大厂商[1],所以整体经济层次的总和集中度预计也会升高,这些大厂商整体占GNP的比例也会增加(详见第四章)。

IT生产在台湾岛内的高度市场集中化,与IT生产从台湾向外扩张的全球化似乎有关——两者均呈现逐渐上升之势(见表2.7及表2.22)。两者皆与降低成本的手段有关:集中化升高反映出为了获得规模经济而做出投资,全球化升高则反映出为了利用更廉价的劳力供应而做出投资。

IT生产的高地区内集中度,也与台湾IT生产者整体的高全球市场占有率息息相关。如表2.7所示,1999年台湾生产的扫描器占全世界产出的比例高达91%。台湾生产的电源供应器、键盘、鼠标和显示器,占全世界产出的约58%—70%。连笔记本电脑的全球市场占有率也有将近40%。因此,虽然台湾最大的厂商与《财富》五百强公司相比是小巫见大巫,但以本地标准观之,甚至以它们竞争的市场部门的全球标准来衡量,它们的规模也很大。

由于购并,包括本地和跨国(地区)的购并,电子业的集中度可能还会增加。目前关于购并的资料仍不完整且不可靠。据我们所知,即使最详尽的资料来源(汤姆森金融证券资料,Thomson Financial Security Data),仍遗漏了许多小企业的合并案。有些最后未实现的购并案,反而可能包含在内。不过,购并活动着重于电子业是毋庸置疑的,无论从"被收购者"还是"收购者"的观点来看都是如此(见表2.29)。

表2.29 合并与收购,1986—2000年

	件数
收购者所属产业	
电子及电力设备制造业	62
电脑及办公设备制造业	47

① 移动电话业在2000年已开始出现购并:主要笔记本电脑制造商仁宝购入华山通讯,并改名为华宝通讯。华山通讯成立于1999年,创办人杨青山先生曾是明碁通信移动电话事业部的经理。据说仁宝持有华宝56%的股份(台湾《经济日报》,2000/5/16,2002/10/11)。

（续表）

	件数
证券及期货经纪业	35
工商服务业	19
电信业	18
批发业	11
机械制造业	2
其他	45
产业不明	4
总计	243
被收购者所属产业	
电子及电力设备制造业	79
电脑及办公设备业	31
工商服务业	30
电信业	28
批发业	19
套装软件业	10
机械制造业	1
其他	45
总计	243

资料来源：Thomson Financial Securities Data，March 28，2001。

因此，在一个成熟的、高科技产业，如电子业，市场集中度升高，或最大厂商占产出的比例增加，似乎与产业升级密不可分。

结论

中国台湾的后起者从高度竞争过程中崛起，进入迅速成熟化的全球高科技产业，借由改进产品设计并降低生产成本取得一席之地。利润薄如纸的前景，促使后起者争先恐后地榨取成熟产品的剩余价值。它们在中国台湾地区内利用规模经济，在海外利用廉价劳动力，去获取必要的产量以降低成本和维持获利能力。从它们追求规模、自动化和量产的行为来看，它们符合昔日的福特主义(Fordism)模型。从它们快速扩充产能和选择性地垂直整合来看，它们奉行更现代的强调核心能力的管理模式。对电子业的后起者而言，核心能力在于生产工程、计划执行和一体化设计。

第一个投资于最适化规模的工厂和分层管理制度的后起者，所获得的报酬是，在国家(地区)内市场呼风唤雨的力量，以及在全球市场的巨大占有率。由此观之，后起者崛起于部分后进国家(地区)，这些国家(地区)的主要制造部门操纵在本国(地区)企业手中(如中国台湾、中国大陆、印度和韩国)，而不是被跨国(地区)企业支配(如阿根廷、巴西和墨西哥)。这些国家(地区)在电子业上的差异是，它们各自擅长不同的专长领域。在2000年左右，中国大陆在通信设备上表现优异。印度最拿手的是软件。韩国在半导体记忆芯片上独占鳌头。中国台湾在资讯技术产业上傲视群雄。

中国台湾究竟如何建立起它的专长领域，是我们在下一章探讨的主题。

第三章 政府领导的网络

中国台湾的本地电子网络是一个地理上紧密聚集、交易上保持距离的周边设备和被动零配件生产供应网络。从“代工”一词的通常含义来看，这个网络不涉及本地厂商之间的代工。网络密度高，对本地组装厂有双重好处：一是低交易成本（在搜寻和运输方面），二是可吸引新订单的高全球能见度（因中国台湾整体在世界 IT 市场的高占有率之故）[①]。不过，本地电子网络缺乏“基于信任”的代工关系，据称这一关系是先进工业经济体内部 IT 生产的特征。无论后进者的本地网络，还是后进者与高工资经济体之间的国际代工，皆缺乏自主的、内在的机制去扩散或创造先进技术，使后进者能够扩张至新的市场部门。于是出现“新发展导向”经济体的插手干预，以特地为高科技产业制定的进口替代政策，填补这片空白。后进经济体是新工业成长极的催生者，有了成长极，小企业遂能围绕四周丛生。政府推动关键零配件的开发，使网络成员有能力在本地生产过去必须进口的零配件，从而增加网络交

① 关于地理聚集的正式解释，请阅 Fujita et al.（1999）。

易的密度。台湾当局用来促进高科技进口替代的政策工具,不同于它过去扶植中级技术产业的政策工具,但两者的动机相同:都是为了增加就业机会和促进产业发展。因此,后进者的网络,乃至高薪工作和高科技产业的创造,可以说是“政府领导的”。

台湾当局在20世纪五六十年代犯的一项政策“错误”(过度投资于高水平的人力资源),没想到误打正着,为台湾地区带来长远利益。它起先造成人才外流。然后,当内部需求上升,形势开始逆转时,反而带回来大批有经验的科学家和工程师。但是,人才回流也好,新竹科学园区的台湾工程师与科技重镇如硅谷(硅谷是众多美籍华人就业的诸多美国地点之一)的密切关系也好,都只能解释部分台湾地区经济成功的故事(关于新竹与硅谷的关系,请阅 Saxenian and Hsu,2001 的分析)。如第二章所述,台湾的电子业主要是由本地人而非美籍华人建立的。在这一章中,我们将分析当局在这个故事里扮演的角色,诸如创造新的市场部门,培育新创公司(以当局研发单位的衍生机构和科学园区为媒介),投资公立研究机构,以及鼓励民间研发。

本地(后进者内部)网络关系薄弱,是很多条件造成的。历史上,电子业的国际代工,建立在先进和后进工业经济体之间工资差距很大的前提下。后进者内部——譬如,在不同规模、专长或工会化程度的厂商之间——缺乏类似的工资差异,因此减弱了本地代工的诱因(关于台湾电子业不同规模的厂商之间较小的工资落差,见表2.1)。先进经济体的厂商常在分摊成本和风险的原则下共同创造技术,据说那也是鼓励它们结成网络的原因,意大利即是一个明显的例子(请阅如 Beccatini,1990;Piore and Sabel,1984)。但是,拥有先进知识是共同创造新技术的必要条件,后进者缺乏先进知识,因此进一步减少了本地代工的机会。很多高科技周边设备及零配件后进者自己不能制造,而是高度依赖进口。对进口的依赖,减少了本地厂商之间的交易,创造了另一个不利于网络的条件。最后,台湾的电子业是(选择性地)出口导向的(IT 产品有很高的出口率,但电器用品、被动零配件和半导体的出口率较低,至少在直接出口上是这样)。既然本地生产者的产品以外销为主,它们与本地买主进行合作的诱因就更加薄弱了。

我们用个人化交易相对于匿名性交易来区分网络与市场两者（见第一章）。个人化交易可以分成四种，中立程度各不相同，这四种交易是：外包代工；定制化特殊投入（customizing specialized inputs）；处理另一个厂商的半制成品（“加工”）；在个人基础上采购零配件或周边设备。采购可能牵涉个人，因为买卖双方彼此认识，但交易本身可能近乎中立，因为买卖双方考虑的是价格、品质和可能的技术转移等眼前的利害关系。在中国台湾的电子网络中，采购标准化的投入是四种交易中占绝对多数的一个。

一般而言，后进者的本地零配件自给率越低，这四种网络交易就越少，而且，可以假设政府领导的进口替代也越强。零件制造商越倾向于出口，本地代工的诱因就越弱。

中国台湾地区最初专门制造需要大量零配件的IT产品，是因为在IT产业崛起以前，本地已存在一个高密度的（非电力）机械制造业。[①] 当电子产品的全球需求激增时，各式各样的机械制造业者都改行去替电子组装厂制造零配件。它们向组装厂供应的零配件种类与数量很大（虽然价值很低），就后者的全部需求而言（以笔记本电脑为例，本地供应的零配件约占全部零配件数目的97%，但仅占全部价值的30%或40%，依时期而定）。因此，首先让我们检验非电力机械制造业的情形，在后进者的“旧经济”网络中，建立一个类似标杆的东西。然后我们再分析位居新经济的核心，即广义电子业的网络。

非电力机械业

中国台湾地区的非电力机械业（简称机械业）的特点是厂商规模较小，因为很少有成熟产品需要量产。主要出口产业如缝纫机（Schive，1990）、各

---

① 与韩国的电子业相比，中国台湾在1992年的电子出口以电脑和零件为主（占70.9%，相对于韩国的22.2%）。韩国的电子出口以集成电路为主（占47.3%，相对于中国台湾的14.6%）。请阅Chen and Ku（2000）。

种工作母机(Amsden,1977),还有严格来讲不算“机械”的自行车[①](Chu,1997),则属于例外,因为领先厂商的规模很大(员工至少500人)。早期缝纫机生产操纵在胜家(Singer)和利泽(Lihtzer)这两家公司手中,前者是跨国公司,后者是本地企业。巨大公司是中国台湾地区首屈一指的拥有国际品牌知名度的自行车制造商,据说在20世纪90年代占中国台湾地区自行车产出的20%—25%。自行车出口集中在十家厂商手中,十家厂商集中率约为六成(工业技术研究院经济与资讯服务中心,2000a)。连工作母机这种世界各地主要生产者的规模都不大的产业,主要厂商的员工人数也有数百人,如丽伟、杨铁、台中精机和大同集团旗下的工作母机子公司。尽管如此,除了自行车之外,缝纫机、工作母机和摩托车的产出(以单位来衡量),均不能与后来大量生产的电子出口产品,例如计算机和笔记本电脑相提并论(比较表2.4与表3.1)。机械业的产出也较电子业稳定。它不曾出现需求暴起暴落,或者令小厂商在极短时间内成长为大厂商的迅速产能扩充。由于没有量产和需求暴涨的问题(自行车除外),小厂商比较容易存活。

表3.1　早期主要(非电力)机械及运输工具*的初始产量(****)及巅峰产量

年份	缝纫机(台)	工作母机(台)	自行车(辆)	机车(辆)
1952	25 050****		****	
1961		****		
1962				****
1968				
1986				
1987				
1988				
1989				

① 在官方的产业分类中,自行车和摩托车属于运输工具类,不属于机械类。所以严格来讲,它们不能算是非电力机械业厂商规模很小而且很少量产的例外。我们将自行车列入讨论,是因为这个产业的特色是有高密度的零配件供应商网络,在全球和中国台湾皆如此。

（续表）

年份	缝纫机（台）	工作母机（台）	自行车（辆）	机车（辆）
1990				
1991	3 767 577			
1992				
1993				
1994				
1995		1 762 079		1 695 064
1996				
1997				
1998			11 926 199	
1999				
2000				

注：* 机械业不包括电力与电子机器设备制造产业。

资料来源："行政院财政部"，历期 a；"行政院经济部"，历期 b；工业技术研究院机械工业研究所，1999b。

在 1986—1996 年这段时期，小厂商（员工在 100 人以下）占机械业总受雇人数的 75% 以上，占总附加价值的 65% 以上（见表 3.2）。这比小厂商占电子业总附加价值的比重（22%）高得多——多两倍以上，也比小厂商占整体制造业附加价值的比重（36%）高得多（见表 2.23 及表 2.24）。中国台湾经济的中小企业迷思，符合事实之处，主要是在非电力机械业。但我们必须指出，以该产业占 GNP 的比重观之，这个产业已经停滞不前了（见表 3.3）。在 1981 年，机械业占 GNP 的比重是 3.7%，而电子业占 GNP 的比重是 9.9%。到了 1996 年，两者占 GNP 的比重分别是 4.8% 和 24.3%。

表 3.2 机械业受雇人数、附加价值及效率分布情形，按厂商规模分，1986 年、1991 年及 1996 年

单位:%

	小型企业(100 人以下)		
	1986	1991	1996
占总员工数比重(1)	76.8	77.9	78.7
占总附加价值比重(2)	68.1	68.4	69.4
效率(2/1)	88.6	87.8	88.2

资料来源:计算自“行政院主计处”所提供的工商普查资料。

表 3.3 制造业附加价值分布情形，1981—1996 年

单位:%

行业类别	1981	1986	1991	1996	1981—1996 增减率
食品	7.1	7.1	6.4	6.0	-1.1
纺织业	12.8	10.6	8.6	6.7	-6.1
成衣服饰品	3.5	4.5	2.0	1.0	-2.5
化学材料	8.0	6.9	7.3	9.8	1.8
化学制品	1.9	2.1	2.5	2.9	1.0
炼油	7.0	4.6	4.5	5.8	-1.2
塑胶制品	8.1	8.7	7.4	5.4	-2.7
非金属矿物制品	4.0	3.6	3.8	3.5	-0.5
基本金属	6.4	6.7	7.7	8.7	2.3
金属制品	5.1	5.1	5.7	5.2	0.1
机械设备	3.7	3.9	4.9	4.8	1.1
电力及电子机械	9.9	14.1	17.8	24.3	14.4
运输工具	5.9	6.0	7.4	6.6	0.7
精密器械	1.1	1.1	1.3	0.9	-0.2
杂项工业制品	4.0	3.8	3.3	1.9	-2.1
其他*	11.6	12.2	9.5	6.5	-5.1

注:* 包括以下产业，即烟草、皮革、毛衣及其制品、木竹制品、家具及装设制品、纸浆及纸制品、印刷、橡胶。

资料来源:“行政院经济部”，历期 b。

早期网络:缝纫机与自行车

缝纫机与自行车的网络源远流长。它们不是一夕之间冒出来的,而且在外销、外商参与和国际代工(本地人经营的厂商替外国或地区买主制造缝纫机和自行车)出现之前就存在了。这些网络背后的创业经验从何而来,如今已不可考。据推测可能是沿袭战前日本统治下的制造经验,以及 1949 年后从中国大陆来台者携来的技术。[①] 和电子出口业的情形一样,外商在 20 世纪 60 年代参与第一个主要机械出口业——缝纫机——的方式是直接投资和合资企业(与日本合资),而非国际代工(胜家缝纫机公司一直拖到 1999 年才关闭它在中国台湾的制造厂,改用 OEM 方式向本地生产者采购)。自行车开始大量外销是在 70 年代初期,当时本地已累积相当的经验,足以让外商采取国际代工,而非直接投资的方式。中国台湾当局对这两个产业进行关税保护,以鼓励进口替代,并且协助厂商提升技术能力(见表 3.4)。

表 3.4 部分产品关税表,1973—1998 年 单位:%

关税表	固定税率				
	1973	1985		1998	
		第一栏	第二栏	第一栏	第二栏
缝纫机					
家用	32	30	20	5	3.75
工业用	20	30	20	5	3.75
自行车	46	45	35	15	10
自行车零件	39	30—40	15—30	15	10
计算机(1973 年分类)					
台式	13	—	—	—	—
其他	39	—	—	—	—

① 据我们所知,无论英文还是中文,这个议题都欠缺原始资料。

（续表）

关税表	固定税率				
	1973	1985		1998	
		第一栏	第二栏	第一栏	第二栏
资料处理设备		10	5	10	Free
周边设备					
终端机		20	20	7.5	Free
打印机		10	10	7.5	Free
其他		10	7.5	7.5—10	Free-2.5
零件		10	7.5		Free
电话电信器材	20—26	20—25	10—25	10	Free-2.5
电子零配件					
工业用电子管	7	5	5	1	1
映像管	20	20	20	1	1
集成电路	—	20	7.5	Free-2.5	Free
晶体管、二极体、发光二极管等	—	20	7.5	Free-2.5	Free
被动组件	—	20—30	19—25		
固定电容器				15	Free
其他电容器				3—5	Free
电阻器				5	Free
零件				2.5	Free
印刷电路板		30	20	10	Free

注：税率第二栏适用于最惠国（地区），第一栏适用于其他国家（地区）。
资料来源："行政院财政部"，历年 b。

胜家自 1963 年开始在中国台湾生产，那时岛内已有 250 家组装厂和零件供应商。早在 1952 年，它们的年产量就已超过 25 000 台（见表 3.1）。[1] 自行车组装业出现于第二次世界大战刚结束之际。[2] 当时年生产量平均是 3 万至 4 万辆。1954 年和 1961 年的受雇人数分别是 7 400 人和 10 700 人。"早年已有大量人力资源投入自行车的生产和相关活动，后来当出口带动的组装生

① 缝纫机产业的资料引自 Schive（1990），除非另外注明。
② 自行车产业的资料引自 Chu（1997），除非另外注明。

产来临时，那些人力资源刚好可以派上用场。美国买主成功地帮本地生产者建立组装作业……然而，兴建一座自行车组装厂是一回事，建立整个本地零件供应商网络则是另一回事。后者必须建立在累积学习的基础上。”（p. 61）1966—1970年间，零件自给率平均高达86.3%，以一辆自行车需要100多个零件来看，这个数字相当可观。

在缝纫机产业的初期发展阶段，胜家在技能提升上扮演着重要角色。它为零件供应商开班授课，组织研习会。训练内容包括学习热处理、成品检验，并且引进新观念和工厂管理技能。胜家也向零件生产者提供标准化的蓝图及必要的测量仪器。此外它还向个别厂商提供各式各样的服务，包括开放自己的工具室供它们制造工具和设备；解决它们在铸造上碰到的疑难杂症；改进它们的电镀设备和工作方法；控制它们的上轴尺寸；提供胜家工具室制造的铸模供它们使用；改良它们生产线轴的冲床和冲模设计；装置热处理设备以供它们制造缝针。有些关键零配件是缝纫机的核心（梭蕊和线圈盒），这些零件必须进口，但到最后胜家也开始在本地制造了。

胜家的这些创举不管多令人钦佩，恐怕也并非出于自愿，而是为了因应中国台湾当局加诸于它的各种条件限制。胜家来台投资设厂以前，已有一个本地经销商，但是“关税和某些产品型号的进口管制，构成另一个促使它来台投资的诱因”（p. 57）。如表3.4所示，在1973年（和之前），家用缝纫机的保护关税高达32%。此外，当局制定严格的绩效标准，作为批准胜家营业执照的附带条件：

（1）成立一年后，胜家必须在本地采购所需零件的83%；提供本地供应商标准化的蓝图；派有经验的工程师去协助本地供应商建立工作方法、准备材料规格和检验成品（胜家在中国台湾总共有140家零件供应商，约占本地所有零件生产者的六成，这140家厂商一概获得胜家某种形式的技术援助）。

（2）胜家有义务向本地组装厂供应胜家在本地制造的零件，而且价格不得超过从胜家其他工厂进口的零件价格的15%。

（3）胜家的出口量必须达到最高的可能水平。事实上，在1964—1976

年间,胜家的出口量以12%的年增长率稳定增长。

大部分日本的领先缝纫机厂商,如兄弟(Brother),在20世纪70年代将它们的中级技术生产工作迁到中国台湾。业界龙头车乐美公司(Janome)于1969年来台。不久之后,中国台湾便成为全球缝纫机和零配件市场的最大出口地,主要是在家用缝纫机方面。1984年中国台湾总共出口300万台家用缝纫机,其中六成是日商子公司生产的。其余来自胜家和较小的本土公司,后者最初专门生产低档产品。①

工业用缝纫机的本地生产发展较晚,在家用缝纫机之后,而且是由本地人自营的厂商主导的(尽管这种缝纫机的进口关税较低,如表3.4所示)。本地组装厂率先将这种品质和技术规格更高的产品出口到先进经济体(胜家在中国台湾地区自始至终主要外销至发展中国家或地区)。② 组装厂在本地的竞争十分激烈。因此当局鼓励它们成立一个出口协会(和后来当局在电子业某些部门的做法一样)。为了舒缓竞争压力,本地出口商于1976年达成一项“君子协定”,设定每台缝纫机的最低出口价格。

领先厂商高林公司(银箭牌),经过一段密集增强技术能力的阶段之后,变成世界第三大工业用缝纫机生产者。在“经济部工业局”的协助下,高林成功地开发出电脑辅助的工业用缝纫机。③ 20世纪90年代末期,高林去中国大陆投资建厂,预计新产能将使它的产量超越当时市场的两大龙头:日本的重机(Juki)和飞马(Pegasus)。

一台现代缝纫机是由七百多个零件组成的。由于家用缝纫机已经成熟,而且本地机械制造业经验丰富,零件自给率已达九成以上(“经济部工业局”,1999,p.237)。围绕着三大缝纫机组装厂——高林、伸兴和胜家的OEM代工厂,出现了三个“工厂体系”(factory systems)或中心-卫星关系(center-

① 吴婉瑜(1995)及文现深(1984)。

② 技术上,到了20世纪70年代末期,中国台湾地区最大的本地人自营缝纫机公司利泽已在两个地方超越胜家。首先,利泽最先实施一种新的制造铝臂的方法,把胜家甩在后面。其次,利泽第一个推出活动巧臂型缝纫机。胜家曾经一度考虑向利泽采购巧臂。利泽在80年代后期遭到一场火灾,之后宣告破产。

③ 台湾《联合报》,2000年7月23日,第18版。

satellite relationships)(因公共部门津贴而强化,容后再述)。

当局给予自行车产业的关税保护甚至比给缝纫机产业的还要多,而且延续更久(见表 3.4)。对“最惠国(地区)”的进口税率,在 1973 年曾高达 46%,在 1985 年仍有 35%。甚至在市场自由化之后,自行车还有 10% 的关税。

当局也干预自行车产业,以维持出口标准,并“负责检验出口产品,以防不合格的自行车被运出本地”。当局监督的结果,导致大部分“地下”自行车工厂在 20 世纪 70 年代销声匿迹(Chu,1997,p.57)。

在产业升级方面,1986 年以后,面对台币升值,本地工资上涨,且本地自行车出口单价开始滑落的局势,当局加紧对自行车产业进行技术辅导。当局所属的工业技术研究院着手进行科技研究发展计划,以支持自行车产业升级和主要组件的进口替代。接着当局又成立了台湾自行车工业研究发展中心。该中心的经费来自“经济部工业局”,除了从事各种研发计划之外,还向业界提供咨询服务(工业技术研究院经济与资讯服务中心,2000a,pp.3—54)。1987 年,工业技术研究院材料所协助巨大公司开发一种碳纤维自行车车架。2000 年,“经济部工业局”将电动自行车和高级变速器列为新兴重点辅助产业,予以赋税减抵优惠和其他补助。

到了 90 年代,工业技术研究院材料所已获得 17 项与自行车变速器有关的专利。总的来说,在中国台湾,当局是专利权最主要的来源。如表 3.5 所示,光是工业技术研究院一个机构,已囊括中国台湾前十大专利权拥有者 45% 的专利件数(602 件)。“国家科学委员会”排名第三,联电和台积电这两家当局拥有的半导体晶圆代工厂则排名第二和第四。在韩国,政府也是主要的专利权拥有者,但实力不及私营部门。在中国台湾,当局主导专利活动。[①]

① 根据“行政院主计处”的资料,在 2000 年美国批准的专利案中,中国台湾排名第四,仅次于(但落后甚多)美国、日本和德国。那一年美国政府核准的中国台湾专利案共 5 806 件,比前一年增加了 1 280 件。

表 3.5　中国台湾与韩国之十大美国专利拥有者,1980—1996 年

	专利拥有者	专利件数
中国台湾		
工业技术研究院	G	602
联华电子(联电)	G	317
“行政院国家科学委员会”	G	132
台积电	G	89
宏碁		59
华邦电子		25
IBM	F	23
霍尼韦尔(Honeywell Inc.)	F	21
Giftec Ltd.		21
格林(Greenmaster Industrial Corp.)		20
韩国		
三星集团		2 316
LG 集团		1 009
现代集团		348
大宇集团		166
韩国科学技术院(KIST)	G	135
韩国电子通信研究院(ETRI)	G	124
韩国化学技术研究院	G	49
鲜京集团		37
韩国高等科学技术院(KAIST)	G	35
理光公司(Ricoh Co.)	F	17

注:G = 政府(当局)机构;F = 外商公司。

资料来源:CHI Research Database,引自 Mahmood(1999)。

自行车零件的自给率(亦可用“投入进口率”来表示)通常很高(即投入进口率很低),但起伏不定,随着自行车车架、零部件、能源来源的世界顶尖

技术的变化而波动。[①] 表 3.6 显示,自行车和整体非电力机械业在 1996 年有较低的进口依赖度。自行车的投入进口率仅 19%,整体非电力机械业也才 24%,相较于电子业(稍后再讨论)可谓极低。不过,从零件自给率的变化来看,自行车零件的进口依赖度波动幅度很大。如前所述,1966—1970 年间,零件自给率平均高达 86.3%。这个比率在 1972—1974 年间下降到 67%,因为中国台湾自行车制造商必须改善零件品质,才能进入美国市场。进口替代之后,零件自给率再度回升,在 1975—1985 年间达到平均 79%。然后在 1990 年又跌到 53%,因为进一步升级需依赖从日本进口的高级零件,如变速器、链轮、刹车和花鼓,尤其因为一些外国(地区)买主指定非用日本最大供应商岛野(Shimano)的集成模组不可。到了 1996 年,零件自给率已恢复到 70%(Chu,1997,更新数据引自"财政部",历期 a)。

表 3.6 机械及自行车制造业中间投入进口率,1996 年

	机械业				自行车
	通用	工业	其他	零件	
所有中间投入					
中间投入系数(1)	0.68	0.71	0.73	0.65	0.77
进口投入系数(2)	0.16	0.16	0.21	0.13	0.15
投入进口率(2/1)(%)	24	22	28	20	19

注:中间投入系数与初级投入系数加起来等于 1,亦即多生产一单位某一部门产品时所需直接、间接购买的投入单位数。中间投入系数等于进口中间投入系数与本地制造投入系数的总和。

资料来源:"行政院主计处",1996 年。

投入进口率下滑或许表示本地网络活动增强了——因为本地生产增加,创造了供应商与买主互动的基础。但是技术变化和进口率起伏不定,却可能

① 这两个比率多少有点不同,因为它们是用不同的方法估算出来的。投入进口率是基于投入–产出(I-O)数据,而且将所有的中间投入,包括服务,计算在内。零件自给率只计算零件,不计算服务。当使用 I-O 数据时,零件进口值是被一个包括服务在内的更大的基数来除。因此投入进口率往往低于来自零配件自给率的估计。例如,1996 年的自行车投入进口率是 19%,零配件自给率是 72.5%(换算成投入进口率则是 27.5%)。

动摇本地网络,"(这种波动的)副产品是,早年本地自行车组装业与零件业之间的密切关系,现已在相当程度上减弱了"(Chu,1997,p.65)。举例来说,1988年巨大公司的供应商有19家登记在当局主持的"中卫发展中心",其中5家从1999年的名单中消失。1999年登记的20家主要供应商,有6家是新的,不在1988年的名单上。零件供应商和组装厂在20世纪70年代初期创业时的规模都很小,双方皆因出口而增长,皆从出口获得规模经济。鉴于来自OEM买主的出口需求充满不确定性,零件制造商和组装厂都试图分散它们的顾客基础。因此,买卖双方都不愿建立排他性的关系,这又妨碍了互利互动、共同开发技术的机会。平均而言,每一家自行车零件制造商供应20家组装厂,而每一家组装厂向60家供应商买零件(瞿宛文、董安琪,1990)。它们的互动比较接近开放式的市场关系,比较不像封闭式的网络关系,虽然买卖双方无疑彼此认识。

表3.7显示了巨大从许多来源取得关键零件。1988年,4家供应商加起来才占巨大全部刹车采购量的35.5%。3家主要供应商仅满足它的全部链轮需求的47.4%。在供应面,零件制造商依赖外国(地区)买主甚于本地买主。1990年自行车零件制造商平均出口将近60%的产出,1999年仍平均出口56%(Chu,1997,2001)。[①]

表3.7　捷安特公司供应商占总需求比例

零件	供应商	中卫发展中心登记厂商,1988	中卫发展中心登记厂商,1999	1986(%)	1987(%)	1988(%)
刹车器	1	*		12.4	10.2	14.6
	2		*	4.2	4.8	5.3
	3			2.8	3.1	3.2
	4					12.4
变速器	1			5.7	5.1	6.5
	2				15.1	19.5
花鼓	1		*	30.3	29.8	32.3
	2	*	*	38.3	31.2	35.2

① 出口率下滑的原因可能是许多零件制造商已将生产移往大陆。

（续表）

零件	供应商	中卫发展中心登记厂商,1988	中卫发展中心登记厂商,1999	1986（%）	1987（%）	1988（%）
链轮	1	*		24.5	21.3	22.7
	2			15.4	16.8	15.5
	3			9.0	9.7	9.2
车把	1	*	*	41.1	40.8	38.0
	2	*	*	34.9	32.3	35.8

注:“*”表示该公司于1988年或1999年在中卫发展中心登记为捷安特的卫星公司。
资料来源:“经济研究院”,1989年;中卫发展中心,2001年。

中国台湾自行车产业网络最强的地方是在零件供应商彼此之间,而不是在零件供应商与组装厂之间。此外,零件制造商之间的网络形态与加工有关,与合约性质的硬件采购无关。自行车零件业的总产出有高达39.3%是替他人加工的(见表3.8)。在自行车组装厂方面,加工仅占总产出的1.2%。这种与加工有关的网络,似乎是小厂商之间特有的现象,较少出现在大厂商与小厂商之间。加工是受到制造技术专业化的驱使,而不是为了采购或开发新的产品。

表3.8 加工占制造业各次产业总产值比例,1996年

行业类别	总产值（新台币百万元）（A）	加工产值（新台币百万元）（B）	（B）/（A）（%）
食品饮料	511 175	110 265	21.6
纺织业	915 469	487 928	53.3
成衣及服饰品	159 316	44 568	28.0
皮革及毛皮	70 716	11 185	15.8
木竹制品	59 788	12 885	21.6
家具及装设品	84 338	7 871	9.3
纸浆、纸及纸制品	166 558	9 532	5.7
印刷	123 959	66 959	54.0
化学材料	491 919	11 843	2.4
化学制品	161 886	6 495	4.0
石油及煤制品	302 089	1 441	0.5
橡胶制品	76 899	10 918	14.2
塑胶制品	424 402	52 709	12.4

（续表）

行业类别	总产值（新台币百万元）(A)	加工产值（新台币百万元）(B)	(B)/(A)(%)
非金属矿物制品	245 964	10 324	4.2
玻璃及玻璃制品	39 831	3 138	7.9
基本金属	621 092	52 552	8.5
金属制品	467 545	100 876	21.6
机械设备	410 256	59 510	14.5
金属加工用机械	97 538	17 598	18.0
专用生产机械	157 982	17 774	11.3
纺织及成衣机械	42 661	7 226	16.9
电力及电子机械器材	1 852 151	188 206	10.2
家用电器	98 799	1 844	1.9
资料储存及处理设备	607 163	13 948	2.3
电脑组件[1]	117 533	3 089	2.6
通信机械器材	74 563	784	1.1
电子零配件	729 432	157 579	21.6
电子管[2]	76 974	644	0.8
半导体[3]	323 343	78 345	24.1
光电材料及组件[4]	37 018	157	0.4
被动电子零配件[5]	83 067	1 712	2.1
未分类其他电子零配件[6]	209 031	76 722	36.4
运输工具	502 118	40 642	8.1
摩托及其零配件	73 206	3 607	4.9
自行车及其零件	81 476	21 287	26.1
自行车	28 169	357	1.2
自行车零件	53 307	20 929	39.3
精密器械	58 666	8 406	14.3
杂项工业制品	165 225	42 303	25.6
总计	7 944 835	1 337 417	16.8

注:1. 主机板、适配卡、声卡、图形适配卡、传真调制解调器卡、网络卡等(产业分类 SIC 3145)。

2. 所有种类电子管:映像管、真空管、晶体管等(SIC 3171)。

3. 所有种类集成电路、二极体等(SIC 3172)。

4. 光电产品:液晶显示器(LCDs)、发光二极管(LEDs)、光电组件、太阳能电池等(SIC 3173)。

5. 所有种类被动组件:电子电容器、变压器、电阻器、电容器等(SIC 3174)。

6. 印刷电路板、石英振荡器、微波卫星组件、电源供应器等(SIC 3175)。

资料来源:“行政院主计处”,1998b,第三卷制造业报告,表 16。

中国台湾自行车产业的全球化始于20世纪90年代初,采用对外直接投资方式,而非外包代工。以巨大公司为例,全球化意味着在岛外成立生产工厂,主要是在中国大陆,以及在岛外设置营销据点,主要是在先进国家或地区(如前所述,巨大是中国台湾少数拥有全球品牌知名度的公司之一)。巨大已与上海凤凰自行车公司成立了一家合资企业(1993年),不过它在昆山的主厂(在上海附近,成立于1992年)则是独资经营。到了2000年,昆山厂的年产量已超过200万辆,其中一半外销(预计未来几年内产能将扩充到500万辆)(陈宏烈,2001)。"在中国大陆的生产基地,使巨大的产量跃登全世界最大的自行车厂商之列"(《天下杂志》,2001;杨艾俐,2000)。尽管如此,巨大的全球化之路走得仍相当辛苦,在先进国家或地区的市场上出售自有品牌的自行车实非易事,尤其在美国。巨大从1987年起就在美国自己营销,但一直到1999年才实现收支平衡。巨大在欧洲的业务拓展较为顺利,它还选择荷兰这个有大量自行车人口的国家作为设厂地点。

巨大去昆山投资的时候,并没有邀请它的供应商同行。它通知供应商这项计划,然后让它们自行决定是否愿意追随。有的去了,但也有一些没去,至少一开始没去。到最后大部分供应商都去了大陆,如今巨大在大陆的营运已能在当地取得大部分零件。目前昆山一地已有三百多家台湾零件供应商,虽然在1997年的时候,巨大仍无法在当地取得某些关键投入,譬如高级铝合金,所以它自己成立了一家子公司,叫做泉新金属制品,供应材料给自己的自行车车架。①

由此可见,即使在一个像自行车这样典型的"旧经济"产业,后进者的网络仍与国际代工(或先进经济体的内部代工)不同。供应商与组装厂的关系较为疏远。新技术的转移或开发,主要由一些政府机构来承担责任或提供协助,无论是与组装厂有关的技术(如巨大),还是与零件供应商有关的技术。有时,是由一家境外厂商(如胜家)或境外供应商(如岛野)扮演主要角色。本地网络活

① 引自公司资料及张家玮等(2001)。

动最多的是小零件制造商之间的半制成品加工。

现在让我们回头看看电子业的网络，刚才在“旧经济”观察到的倾向，在电子业更为明显。

电子业的网络

非电力机械业的网络与电子机械业的网络，其主要差别在于对零件的进口依赖度(以零件的价值而非数量来衡量)。在非电力机械业，投入进口率通常一开始很高(如缝纫机和自行车的例子所示)，然后随着世界顶尖技术的变化和地区内部的进口替代而波动，最后进口依赖度维持在一个低水平，如表 3.6 所示。

反之，电子业的情形是投入进口依赖度起初很低。它有一种内在倾向使它维持在低水平，因为向地区外的供应商“取得”(购买)零件通常可以一举两得，既可获得所需的零件，又可得到最先进的技术援助，向地区内部供应商买零件则不是这样。不过，当局和民间企业都有一些抗拒这种倾向的诱因，促使它们去进口替代进口的投入品(下面讨论的先进液晶显示器即为一例)。

表 3.9 显示了 1996 年 IT 产品的投入进口率。[①] 电脑类(电脑产品，例如笔记本电脑)的中间投入(intermediate inputs)占一台电脑价值的 83%。这些中间投入有 45% 必须进口。因此电脑类的投入进口率等于 55%。如果是“关键性”的中间投入，则高达 69% 必须进口。IT 产品的投入进口率普遍比自行车和非电力机械类高得多，不论是与后者在 20 世纪 70 年代初的估计进口率相比(如前所述)，还是与后者在 1996 年的进口率相比(见表 3.6)。尽管

---

① 根据里昂惕夫(Leontief)产业关联分析模型，投入矩阵界定为 $A = A_d + A_m$，其中，d 代表国内投入要素，m 代表进口投入要素，而 a_{ij} 等于每生产 1 美元的第 j 个货品所需的第 i 个货品数量。因此，$\Sigma_{i=1-n} A_{mij}$ 和 $\Sigma_{i=1-n} A_{ij}$ 分别代表生产 1 美元的第 j 个货品所需的进口投入和全部中间投入的价值(经济体有 n 个产业)。计算两者的比率即得到第 j 个货品的中间投入进口率。$\Sigma_{i=1-n} A_{ij} + VA_j = 1$(或 1 美元的第 j 个货品；VA_j 代表附加价值，投入与附加价值加起来构成 1 美元的第 j 个货品价值)。

表 3.9 电子业中间投入进口率,1996 年

	电脑				电子零组件				通信器材	总计[2]
	产品	周边设备	储存设备	组件	电子管	半导体	光电器材	其他电子零组件[1]		
所有中间投入										
中间投入系数(1)	0.82	0.82	0.82	0.78	0.73	0.63	0.77	0.71	0.76	0.53
中间投入进口系数(2)	0.45	0.50	0.21	0.41	0.32	0.40	0.37	0.25	0.39	0.14
投入进口率(2/1)	55%	61%	26%	52%	44%	64%	48%	35%	51%	27%
主要零组件										
主要零组件系数(1)	0.61	0.60	0.10	0.55	0.25	0.34	0.37	0.24	0.39	0.04
主要零组件进口系数(2)	0.42	0.47	0.04	0.38	0.20	0.29	0.23	0.13	0.33	0.03
主要零组件进口率(2/1)	69%	78%	46%	69%	80%	85%	62%	57%	85%	67%

注:中间投入系数与初级投入系数加起来等于1,亦即要多生产一单位某一部门产品时所需直接、间接购买的投入单位数。中间投入系数等于进口中间投入系数与本地制造投入系数的总和。主要零组件是指表上所列的所有高科技产业的投入。

1. 包括被动零组件及“未分类其他”零组件。

2. 所有产业,包括初级产业、制造业及服务业。

资料来源:“行政院主计处”,1996 年。

已有十多年的经验,大部分 IT 产品的投入进口率仍然超过 50%。主要组件的进口依赖度平均是 70% 左右。

在 IT 产业,网络化程度最高的部门,可以预期是那些投入进口依赖度最低的部门,例如"其他"电子零配件(假设其他可能对网络造成影响的因素,例如厂商规模不变)。[①] 若以加工为衡量网络化的标准,那么预期中的投入进口依赖度与网络化程度成反比的关系似乎可以成立,虽然观察样本小了一些(见表 3.8)。在电子产品中,零配件的投入进口依赖度最低,加工率最高。[②] 除了零配件,其他产品的加工率很低,还不到 3%。

加工方面还可以找到一些资料,至于代工则无资料可查。不过,理论上后进者的 IT 产业内部应无代工的理由,况且无论供应面还是需求面均无证据显示代工实际存在。从需求面来看,台湾 IT 组装厂在本地采购的零配件和周边设备通常是标准化设计;组装厂用不着为了采办这类产品而与供应商建立正式关系。此外,虽然台湾 IT 产业的市场集中度偏高(见表 2.7),而且一些次产业部门已经成立出口协会,但地区内部竞争至今仍非常激烈。所以组装厂(例如笔记本电脑制造商)大可以货比三家,用最便宜的价格在本地购买 97% 的零配件数目。

因此,代工似乎不见其利,反见其害,这是我们从对组装厂的访谈中得到的印象。它们认为代工的代价太高,代价包括检验、监督和"套牢"(在产品需求变幻莫测的情况下,这代表着高风险)。英业达的一位高管曾表示(见第二章):"不到最后关头,绝不轻言外包代工。"

从供应面来看,台湾的零配件制造商过去很少有理由和一个本地买主绑在一起。如果地区外部的买主向它们提供更大的订单、更稳定的需求、更有价值的技术援助,那么吸引它们与本地买主结合的诱因自然很小。整体而言,台湾电子业一向高度出口导向:在 1996 年,外销是内销的 1.26 倍。IT 产

① 小型、专业化的零件制造商有可能将自己不擅长的工序,例如热处理,外包给其他厂商。

② 半导体厂商也有很高的代工率,这并不令人意外,因为台湾的半导体产业是由专门代其他厂商从事制造工作的晶圆代工厂所组成的。

业(资料储存及处理设备)的外销是内销的2.84倍。电子零配件(不含电子管、半导体和光电材料)的这一比率较低,被动零配件是0.80,其他电子零配件是0.62(见表3.10)。不过,虽然IT零配件的出口系数低于电子业整体,当然也低于整个IT产业,但还是高过自行车零件和非电力机械设备业的出口系数。所以,电子零配件供应商对地区内代工的兴趣,不会比组装厂对此的兴趣大到哪里去。这类产品的制造商较可能与(主要的)地区外部的买主建立某种正式关系,较不可能与(次要的)本地买主建立正式关系。

表3.10 地区内营业收入与直接出口电子业及自行车制造业,1996年

	内销额(新台币百万元)(1)	出口额(新台币百万元)(2)	比率(2)/(1)
总计	854 285.8	1 077 697.4	1.26
电力机械器材	134 303.7	35 722.8	0.27
家用电器	115 102.4	30 386.2	0.26
照明设备	21 385.2	7 466.3	0.35
资料储存及处理设备	175 168.3	496 976.2	2.84
电脑组件[1]	44 072.9	82 706.7	1.88
视听电子产品	37 566.7	43 376.8	1.15
通信机械器材	33 222.8	48 111.2	1.45
电子零配件	286 821.3	390 118.1	1.36
电子管[2]	19 249.1	58 963.0	3.06
半导体[3]	97 171.8	189 551.5	1.95
光电材料及组件[4]	13 341.3	33 859.0	2.54
被动电子零配件[5]	51 925.0	41 784.9	0.80
未分类其他电子零配件[6]	105 024.2	65 959.7	0.62
自行车	3 190.7	25 365.2	7.95
自行车零件	22 491.2	11 359.6	0.50

注:1. 主机板、适配卡、声卡、图形适配卡、传真调制解调器卡、网络卡等(产业分类SIC 3145)。

2. 所有种类电子管:映像管、真空管、晶体管等(SIC 3171)。

3. 所有种类集成电路、二极体等(SIC 3172)。

4. 光电产品:液晶显示器(LCDs)、发光二极管(LEDs)、光电组件、太阳能电池等(SIC 3173)。

5. 所有种类被动组件:电子电容器、变压器、电阻器、电容器等(SIC 3174)。

6. 印刷电路板、石英振荡器、微波卫星组件、电源供应器等(SIC 3175)。

资料来源:"行政院主计处",1998b,第三卷制造业报告,表16。

没有确凿证据显示,当中国台湾的组装厂为了降低劳动成本和利用规模经济而投资于工资较低的国家(地区)时,是带着本地的供应商同行的。“除了少数大型厂商之外,台商在投资初期并没有能力要求供应商和它们一起去海外投资,这是因为台商本身的企业规模不够大,需求不够多,无法保证其供应商在海外生产的经济规模,因此在投资初期不得不向中国台湾的供应商购买材料与零配件,而这些采购往往由母公司统筹办理。”只有在组装厂的海外运作规模增长之后,零件供应商才觉得营运规模大到值得自己也到海外投资设厂(顾莹华等,2000,p. 81)。[①] 不过,直到 1999 年,中国台湾以外的子公司在当地购买零配件的比例仍然偏低:1999 年,在东南亚运营的子公司在当地购买的零配件比例为 39%,在中国大陆的子公司则为 19.4%(“行政院经济部”,2000)。

由此观之,在后进经济体,如中国台湾,IT 产业内部网络主要是保持适当距离的性质。中立性的交易远超过代工、加工或基于“信任”(不管用什么标准来衡量)的采购。[②] 本地交易的中立性,似乎也外溢到中国台湾公司在较低工资的亚洲相邻经济体进行全球化的方式。许多零件制造商最后还是配合组装厂的对外投资而去了海外投资,但它们宁可等到规模大到值得投资的那一天。

地理聚集

虽然网络联系薄弱,中国台湾的 IT 组装厂仍然受惠于一个由本地(和区

---

① 英业达的例子是,它自 20 世纪 80 年代后期开始在马来西亚生产电子计算机,事实上它的确从 300 家中国台湾供应商中仔细挑选最好的 20 家,跟它一起去海外投资。它的邀约包括对未来订单的承诺(英业达也怂恿它的日本 LCD 供应商爱普生在英业达厂的附近建一座工厂,虽然爱普生本来就计划去海外生产,不管英业达去不去)。相反,金宝电子(仁宝集团的子公司,仁宝是笔记本电脑制造商)去泰国生产计算机时,并没有邀请任何中国台湾供应商同行。它打算在全球各地采购零件。西进中国大陆的中国台湾厂商,最后还是依赖中国台湾供应商——在 1995—1998 年间,平均依赖率估计在 70% 左右(顾莹华等,2000)。

② 关于网络中的“信任”概念,请阅 Humphrey and Schmitz(1998)。

域）零配件和周边设备供应商所组成的高密度地理聚集。这个聚集的密度可以用广义的机械业（电子及非电力）占整体制造活动的比重来衡量，也可以用制造产出占 GDP 的比重来衡量（见表 3.11）。从广义机械业占整个制造产出的比重来看，中国台湾同巴西、印度和马来西亚差不多（后者的比率较高，是因为含外资电子组装厂的缘故）。中国台湾的比率低于日本，甚至低于韩国。1990 年，在欧洲主要国家中，意大利有最高的广义机械业比重，也有一些最有活力的“工业区”（industrial districts）（由联结成网络的公司所组成的地理聚集）（Beccatini，1990；Piore and Sabel，1984）。不过，从中国台湾整体制造业在 GDP 中的重量级地位来看，中国台湾优于其他后进经济体。在 1990 年，中国台湾的制造业占 GDP 的比重（36%）是后进经济体中最高的一个，虽然仍低于意大利在 20 世纪 50 年代初的水平（48%）。

表 3.11　比较各国（地区）整体制造业与机械制造业密度，1953 年、1975 年及 1990 年

单位：%

	1953	1975	1990
中国台湾			
机械业/制造业	—	18	23
制造业/GDP*	14	29	36
韩国			
机械业/制造业	—	14	32
制造业/GDP	9	27	31
马来西亚			
机械业/制造业	7	17	28
制造业/GDP	9	18	24
印度			
机械业/制造业	—	23	27
制造业/GDP	12	16	19
阿根廷			
机械业/制造业	—	19	13
制造业/GDP	31	32	22

（续表）

	1953	1975	1990
巴西			
机械业/制造业	—	23	25
制造业/GDP	24	29	26
墨西哥			
机械业/制造业	—	14	17
制造业/GDP	24	23	23
日本			
机械业/制造业	—	33	41
制造业/GDP	—	—	28
意大利			
机械业/制造业	—	31	36
制造业/GDP	48	—	23

注:广义机械业/制造业,即电子及非电力机械制造业占整体制造业产值比例。制造业/GDP,即制造业占 GDP 比例。

"—"表示无资料。

* 此处数值可能与书中其他地方所引述的数值略微不同,是由于统计资料后来更改之故。

资料来源:United Nations Industrial Development Organization(UNIDO),历年。

中国台湾各种产品部门的高全球市场占有率,亦可证明这个聚集的密度。如表 2.7 所示,中国台湾 IT 产业的产品通常享有很高的全球市场占有率,譬如,扫描器高达 85%,连笔记本电脑也有将近 40%(但笔记本电脑是 IT 产品中产值最高的一个)。高全球市场占有率为中国台湾制造商创造了高能见度;当一个外国(地区)买主需要某个 IT 产品时,第一个理性的采购地点是中国台湾,这又有助于进一步提升市场占有率和增加聚集密度。

如第二章所述,中国台湾机械业群体的高素质,是靠高比率的"人才回流”和大量栽培工程师支撑起来的。[①] 以20世纪60年代中国台湾海外留学的人数之多,加上那个年代留学生滞留海外的比例之高,中国台湾的潜在回流人才库是后工业国家(地区)中最大的一个,这些人中的很多人自20世纪80年代起,当赚钱的商机出现时,纷纷束装回台(见表3.12)。中国台湾的潜在回流人才库几乎和印度的一样大,虽然印度是一个人口远比中国台湾众多的国家,中国台湾的潜在回流人才库也比大部分拉丁美洲工业国(地区)的潜在回流人才库大得多。中国台湾在栽培工程师方面也表现优异。用后进者的标准来衡量,中国台湾高等学府经费充裕,而且大专生学工程的比例相当高(见表3.13)。在1990年,中国台湾有30%以上的大专学生就读工科。由此可见,中国台湾的电子业有三个得天独厚的地方:一是制造活动非常密集,二是制造活动中有很高比例是机械生产,三是有大批受过本地训练和外部训练的工程师。

表3.12 比较各国或地区男性留美学生不归国或地区的比例*,1964—1969年

国家(地区)	1964 学生数(A)	1969 不归国(地区)比例(B)(%)	1969 潜在回流人才库(A×B)
阿根廷	521	21.6	112
巴西	528	8.2	43
智利	387	13.3	51
中国大陆	1 716	38.3	657
印度	6 136	7.2	442
印度尼西亚	635	2.8	18
韩国	2 067	11.0	227
墨西哥	1 145	18.8	215
中国台湾	3 426	11.7	401
泰国	1 168	3.6	42

注:* 1964年数字为留美学生绝对人数。不归国或地区的比例适用于毕业后五年。
资料来源:改编自Myers(1972)。

① 1983年颁布的“招募高级科技人才方案”,在“‘国家科学委员会’的积极推动下,……吸引了最优秀的本土和海外华人加入(当局的)科学技术发展计划下的八项策略性优先研究计划”(Liu et al., 1989, p. 30)。

表 3.13　大专学校工科学生比例,1960—1990 年　　单位:%

	1960 年比例	1990 年比例
比例下降国家(地区)		
墨西哥	20.0	16.9
巴西	12.0	9.6
印度	7.0	5.0
阿根廷	13.0	12.0
比例上升国家(地区)		
马来西亚	8.0	10.2
韩国	19.0	21.7
土耳其	12.0	14.8
泰国	4.0	9.2
印度尼西亚	4.0	10.4
中国台湾	19.8	30.2
智利	20.0	25.0
中国大陆	40.9	53.9
区域		
发展中国家(地区)	12.1	12.3
北大西洋	13.7	10.0
苏联、民主德国、古巴	40.6	29.7
日本	14.0	16.9
总计	21.1	15.6

资料来源:United Nations Economic and Social Council,历年。

中国台湾机械制造业的密集,是一个跨区域的现象。在 20 世纪 90 年代,亚洲已成为 IT 产业零配件和周边设备的主要来源地(关于电脑业,请阅如 Dedrick and Kraemer,1998)。如前所述,不仅中国台湾如此,韩国、马来西亚和日本的制造产出也包含高比例的机械制造(见表 3.11)。不仅中国台湾如此,中国大陆和韩国在 60 年代也有很多人出去留学(见表 3.12)。不仅中国台湾如此,韩国、中国大陆和日本的大专院校也有高比例的工科学生(见表 3.13)。渐渐地,中国台湾的直接出口越来越多地销往亚洲,尤其是中国大陆和东协[1]国家,虽然后者的比例因 1997 年亚洲金融危机而降低("财政部",历期)。虽然从市场规模和技术能力来看,日本显然是亚洲电子业的核心,但是制品出口、外资甚至技术的流动,并不是以日本为中心,单向地流入、流出日本而已,不像北美与南美之间的这类流动通常是单向的。当中国台湾和韩国开始向世界顶尖技术靠拢时,仍低度开发的亚洲国家(地区)如中国大陆和越南跟它们直接贸易,从它们那里获得直接投资,甚至向它们购买技术。亚洲的电子聚集是多方向的,恰似第二次世界大战前亚洲各国(地区)之间的制品贸易是多方向的,这一点和北美与南美之间(或欧洲与南美之间)的殖民贸易模式刚好相反(Amsden,2001)。

政府在高科技中的领导作用

台湾当局在高科技产业致力于创造新的市场部门,使本地公司能够有新的发展空间,从这一点来看,当局的角色举足轻重。它的策略着重于进口替代,并且围绕着领先厂商或后起者,培育零件供应商。在旧经济时代,当局孕育新产业的办法是,利用公营企业和促进进口替代的政策工具,比如关税保护、本地成分规定和开发银行;在新经济时代,它的办法是利用公立研究机构的衍生公司和科学园区,以及促进进口替代的政策工具,比如公共和民间研发补助、租税减免方案和给予园区厂商的优惠条件。

到了 2000 年,曾任职工业技术研究院(当局专为高科技产业而设的首要研究机构)的专业人士已超过 1.5 万人。在这 1.5 万人中,有超过 1.2 万人后来实际加入某个高科技产业。而这 1.2 万人当中,又有 5 000 人在新竹科

[1] 在 1998 年,东协(东南亚国家协会)共有十个会员国:印度尼西亚、马来西亚、泰国、菲律宾和新加坡(以上于 1967 年加入),文莱(1984 年加入),越南(1995 年加入),老挝和缅甸(1997 年加入),以及柬埔寨(1998 年加入)。

学园区工作。[①] 工业技术研究院也负责衍生台湾半导体产业的两大台柱：联电及台积电。

当局意欲突破技术瓶颈，使本地后起者能够在“新兴”高科技次级产业的全球市场上竞争，然后把技术传递下去给本地零件供应商。在20世纪70年代，劳动力密集的出口快速成长，已竭尽台湾的“无限”劳动力储存量。重工业的主要计划已经就绪。因此当务之急是在高科技产业创造下一组成长机会，而且必须由当局挑起扶植产业的重担。“很多台湾政策制定者认为，古典的价格机制式(price mechanism-type)资源分配，在促进产业发展上缓不济急。他们主张用更直接的产业政策手段，去加速高科技产业的发展。”(San, 1995, p. 35)

当局同时从几方面着手促进高科技产业，包括运用财政政策，兴建科学园区，以及先行投资于公立研发机构，其中一些承担着多重功能。例如工业技术研究院，即负责开发关键技术，以便使核心产业如半导体和个人电脑，可以早一步起跑。从工业技术研究院衍生出来的企业，遂成为台湾的领先IC厂商。工业技术研究院也积极推动计划，去开拓它认为私人部门有可能获利的下一个重要领域。一旦产业建立起来，工业技术研究院就转而进行一些较小型的研发计划，以促进关键组件的进口替代。除了提升本地技术水平之外，当局的目标始终是创造本地成长机会和本地附加价值。这一切促进产业发展的措施，汇集在所谓“策略性”产业的身上，至于判断策略性的标准，则是技术强度、附加价值、市场潜能、产业联结、能源消耗和环境污染。

当局于1992年通过“发展关键零配件及产品方案”，核定66项投入为进口替代标的，以便降低居高不下的对日贸易逆差。[②] 尽管本地的高科技组件

---

① 工业技术研究院，2001，ITIS(产业技术资讯服务)报告，引自ITIS产业资讯服务网：http://www.itis.org.tw/services/news.html。一些出身工业技术研究院的“院友”，已于2002年成立了“工业技术研究院院友会”筹备会。

② 中国台湾地区每年对日本的贸易逆差，从20世纪80年代前半期的每年20亿美元或30亿美元，增加到1991年的大约100亿美元。日本是中国台湾地区唯一年年有巨额贸易赤字的贸易伙伴。尽管如此，在这些年中，自日本的进口占中国台湾地区进口总额的比例相当稳定，一直维持在30%左右。因此对日本的进口依赖，可能较适合作为中国台湾地区技术依赖的指标，甚于贸易失衡的指标。所以，“发展关键零配件及产品方案”的通过，可能与贸易结构关系不大，反而与产业升级有关。

使用者偏爱进口货,但这类组件供应短缺,无疑意味着组件的高价位和高利润,因此引诱厂商去自己制造以取代进口。另一个鼓励用户自行制造这类组件的动机是,确保供应稳定。此外,当局如此关切高科技组件的进口替代,也是为了防止产业“空洞化”——制造工作外移。

下面我们用 CD-ROMs、液晶显示器(LCDs)和集成电路设计的例子,来说明当局在加强科学与技术上发挥的领导作用。然后我们会简短地讨论几个重大的当局方案。

进口替代兼促进高科技

1. CD-ROM[①]

CD-ROM 是一种光学储存设备,在 1992 年,经过产、官、学界的广泛讨论,被选为台湾地区重点辅导产业。有几项相关的关键技术,譬如光学读取头(optical pick-up head),也同时被选为重点发展项目。“经济部技术处”统筹所谓的供应面;它邀请研究机构,主要是工业技术研究院,提出发展这些技术的研究计划。资源方面则连续四年,自 1993 年至 1996 年,由科技专案计划提供资金。到了 1996 年年底,全部预算大约为 1 000 万美元。

“经济部工业局”统筹所谓的需求面;它邀请私营公司(根据特定选择标准)参加开发过程。与之相关的当局法规是“鼓励民间事业开发工业新产品办法”和“主导性新产品开发辅导办法”。在这两个法规下,当局提供配合款给民间企业去从事新产品的开发。配合款必须偿还,但仅在产品实际销售之后。

CD-ROM 计划共邀请 25 家厂商参与共同开发和技术转移。[②] 从该计划衍生出来的专利,在 CD-ROM 方面有四个,CD-ROM 读取头方面有 24 个。产

---

① CD-ROM 的资料引自下列来源:“经济部工业局”(历年);工业技术研究院(1997);工业技术研究院电子工业研究所(1994);萧峰雄(1994);资策会市场情报中心(历年)。

② 我们访谈的厂商有数家参加了这项计划,包括英群、英业达、宏碁、力捷和光宝。英群和光宝也参加了 CD-ROM 读取头开发计划。

能扩充速度快得惊人(见第二章关于产能扩充的一般讨论)。如表 3.14 所示,中国台湾生产的 CD-ROM 占世界产出的比例,1994 年仅为 1%(218 000 台),短短五年后已增长到 50%(49 690 000 台)。

表 3.14　CD-ROM 产业概况,1991—1999 年

年份	产量(1 000 台)		百分比(%)(B/A)	与工业技术研究院合作厂商家数
	世界(A)	中国台湾(B)		
1991	936			1
1992	1 050			7
1993	6 740			25
1994	17 966	218	1	25
1995	38 572	3 600	9	25
1996	51 000	9 170	18	25
1997	61 000	16 000	26	
1998	89 300	30 780	35	
1999	96 860	48 690	50	

资料来源:工业技术研究院,1997 年;资策会资讯市场情报中心,历年。

尽管厂商一旦从工业技术研究院取得 CD-ROM 技术,便可立刻展开组装作业,而且当时 CD-ROM 已是一个成熟产品,但这方面的技术变化仍然日新月异。如表 3.15 所示,厂商必须不断提升技术,方能生产速度更快的 CD-ROM。此外,它们必须从日本进口关键组件。渐渐地,本地可以生产 CD-ROM 光盘机和主轴了。可是两个最重要的组件,即光学读取头和特殊应用集成电路(ASIC),在 1996 年后仍须进口,虽然工业技术研究院已经着手开发了。

表 3.15　CD-ROM 产业的技术升级,1994—1999 年(占总产出比例)　单位:%

年份	资料读取速度													
	2	4	6	8	10—12	16	20	24	32	36	40	44—48	>50	总计
1994	100													100
1995	40	47	13											100
1996			13	67	20									100
1997 下半年						23	22	55						100
1998 第四季度								2	11	27	60			100
1999 第四季度										6	31	47	16	100

资料来源:资策会资讯市场情报中心,2000 年。

目前中国台湾厂商已超越日本厂商，成为最大的CD-ROM生产者，但日本公司已将焦点转移到其他新的、改良的光盘机标准，如DVD-ROM和CD-RW。中国台湾厂商多半不愿进入DVD-ROM的生产，因为它们认为日本公司要求的版税过高。于是工业技术研究院又在1997年开发并转移DVD-ROM技术给13家厂商。在2000年左右，一台DVD-ROM的价格是一台CD-ROM的两倍，不过预计短期内难以完全取代后者。

2. TFT-LCD[①]

LCD是日本公司于20世纪70年代末、80年代初率先开发出来的，最初的品种比较简单（TN：扭转向列型，STN：超扭转向列型），后来才出现更复杂的品种（TFT：薄膜晶体管型）。[②] TFT-LCD对制造商而言是一大挑战，因为所需资金极为庞大，也因为工序要求极其严格。获利能力取决于低缺陷率和高产量。

到了90年代中叶，韩国的大财团（三星、现代和LG）在与负责促进技术创新的政府部门的合作下，成功地跨入TFT-LCD产业，对日本的霸权地位稍稍构成一些挑战。早在90年代初期，有些中国台湾厂商就已能够有竞争力地生产TN型或STN型液晶显示器，但它们犹豫不决，不敢贸然跨入资本更密集的TFT-LCD市场。

若非两个事件，它们可能仍按兵不动。1997年亚洲金融危机爆发之前，三星、现代和LG原本计划大举扩张，追上日本制造商。但这场危机迫使它们搁置计划。在日本那一边，企业集团饱受长期经济衰退和产能过剩之苦，而变得不能或不愿继续对TFT-LCD做出维持竞争优势所必需的巨额投资。几家日本公司遂决定通过技术许可执照和OEM订单的方式，与中国台湾厂商合作。[③] 突然之间，领先的中国台湾厂商纷纷宣布它们计划从日本伙伴处

---

① LCD产业的资料引自：Wong and Matthews（1998）；Linden et al.（1998）；工业技术研究院电子工业研究所（1999）；工业技术研究院经济与资讯服务中心（2000b）。

② LCD是微电子平面显示器最著名的例子，用在电子计算机、笔记本电脑和其他用途上。

③ IBM与东芝的合资企业成立于1989年，于2001年5月停止生产电脑用的LCD。东芝打算用它的日本厂来生产移动电话用的LCD，IBM也将用该厂来生产医疗设备等用途上的高分辨率LCD（*Nikkei Weekly*, 2001）。

取得技术,并投巨资去生产 TFT-LCD。如表 3.16 所示,联电的子公司联友光电与松下结盟,大同的子公司“中华映管”的技术则取自三菱。宏碁与 IBM 合作,华新丽华转投资的瀚宇和东芝挂钩,以上这些全部发生在 1998 年那一年。元太科技和奇美电子则采用自己的技术(元太很早就开始进行研究,奇美也花了很长时间去取得必要的技术)。

表 3.16　中国台湾的 TFT-LCD 产业,2001 年

厂商	母公司	母公司主业	投产年份	创立年份	技术来源
达碁科技	宏碁	电脑	1999	1996	IBM
奇美电子	奇美	石化	1999	1998	本身
“中华映管”	大同	电子	1999	1970	三菱
瀚宇彩晶	华新丽华	电线电缆	2000	1998	东芝
广辉电子	广达	电脑	2001	1999	夏普
联友光电	联电	半导体	1999	1990	松下
元太科技	永丰馀	纸浆及纸	2001	1992	本身

资料来源:公司资料;工业技术研究院经济与资讯服务中心,2000b。

台湾厂商一加入战场,TFT-LCD 的全球产能分布随即改观。台湾产能占全球产能比重一路攀升,从 1998 年的挂零,到 1999 年的 2%、2000 年的 15%,再到 2001 年第一季度的 26%。产能巨幅增加,导致 TFT-LCD 国际价格暴跌。14.1 英寸 TFT 笔记本电脑屏幕的价格,从 1997 年第三季度的 1 100 美元,跌到 2000 年第四季度的比 600 美元略多一点。巨额投资加上价格下滑,使厂商不胜负荷,购并议题遂浮上台面。达碁科技和联友光电于 2001 年 3 月合并为友达光电。奇美光电则宣布与 IBM 日本分公司在日本建立 TFT-LCD 厂的合作计划。

工业技术研究院曾于 1988 年推动一项 TFT-LCD 研发计划。宏碁和“中华映管”都是该计划的合作厂商。但到了投资建立 TFT-LCD 产能的时候,这两家公司,或其他任何台湾厂商,都不曾依赖工业技术研究院的技术。从这个角度来看,工业技术研究院的努力是失败了。尽管如此,台湾进入 TFT-LCD 生产的高科技企业集团,其竞争力取决于进一步的技术发展,预期工业技术研究院将在这个技术层次更高的阶段扮演领导角色。工业技术研究院已于2000年成立台湾第一所低温多硅晶(LTPS)TFT-LCD实验室,也已经开发出一些更先进显示器的关键组件。

3. 集成电路(IC)设计

台湾联结成网的半导体产业,起源于当局创立两家世界级半导体制造公司,其中联电成立于1980年,另一家更大的公司台积电成立于1987年。这两家公司都是从当局所属的工业技术研究院电子工业研究所的IC实验工厂衍生出来的,虽然它们出现在不同的阶段,而且出自不同的研究计划。[①] 台积电也是一家仅从事晶圆生产的"晶圆代工厂"(foundry)。它避免投资于辅助运作,不像集成设备制造商(integrated device manufacturers,IDMs),后者支配着全世界的半导体产业(集成电路生产分成几个阶段:IC设计、晶圆制造、光罩制作、测试封装)。这个走专业化路线的策略,是当局经过深思熟虑后做出的决策,影响决策的人有两位:一位是长期担任财经首长的李国鼎先生,另一位是在当局力邀下于1985年返台担任工业技术研究院的院长,之后又出任台积电董事长的张忠谋先生。[②] 张忠谋曾任德州仪器公司的资深副总裁,是美国高科技产业中职位最高的华人。

1985年,三家由留美归来的学人创办,在当局支持下成立的IC设计公司国善、茂硅与华智陷入财务困境,再度向当局求援。[③] 它们盼望本地有一家专业化晶圆代工厂,能够向它们提供比外国(地区)大型IDM更快、更好的服务(外国或地区IDM公司不重视它们的订单,视之为副业)。晶圆代工厂也比IDM更能够保护IC设计的知识产权。

台湾的IC设计业从1985年的8家公司,一下子增加到1988年的50家公司。营业收入在1988年增长了175%,1989年增长了143%(见表3.17)。

---

① 电子工业研究所是工业技术研究院底下的一个机构。

② 最后联电也走了台积电的路线,变得较少垂直整合,结构上更像是一个晶圆代工厂。

③ 电子工业研究所接受"国家科学委员会"委托,于1983年展开了一项"多计划芯片"(Multi-Project Chip)计划,协助台湾大专院校培养IC设计能力(Chen and Sewell,1996)。茂硅与华智于1991年12月合并为茂硅,现在制造动态随机存取记忆体(DRAM)和其他产品,并且销往世界各地。2000年营业收入是8.8亿美元。国善如今已歇业。

这“部分是因为岛内市场的增长，部分是由于台积电的成立”（资策会市场情报中心，1989，p. 390；亦见林锡铭，1987，pp. 41—42 以及 Chang and Tsai，2000）。在 1999 年，台湾 IC 设计公司的制造工作有 91% 在岛内完成。七家最大的 IC 设计公司估计占 IC 设计总营业收入的六至七成，如第二章所述。同一年，半导体产出有 62% 供内销。[①]

表 3.17　台湾的集成电路设计业，1982—1999 年

年份	厂商（家）	营业收入（10 亿美元）	营业收入增长率（%）	出口率（%）
1982	4	—	—	—
1986	18	0.02	—	—
1988	50	2.20	175	74
1990	55	0.22	11	36
1991	55	0.27	18	51
1992	59	0.34	30	50
1993	64	0.44	36	54
1994	65	0.47	6	35
1995	66	0.71	56	39
1996	72	0.79	13	36
1997	81	1.11	67	48
1998	115	1.46	29	43
1999	127	2.36	58	38

注：“—”表示无资料。

资料来源：资策会资讯市场情报中心，历年；工业技术研究院电子工业研究所，历年。

台湾的 IC 设计公司受惠于本地其他辅助产业，不仅是晶圆代工业。光罩制作产业，与晶圆代工业一样，也是当局一手创立的。工业技术研究院电子工业研究所于 1977 年和 1980 年分别从两家美国公司 IMR 和 Electromask 那里引进光罩技术，开始提供光罩制作方面的商业服务给本地 IC 业者。电子工业研究所的光罩部门继而在 1989 年衍生为台湾光罩股份有限公司（工业技术研究院电子工业研究所，1994）。岛内有一所光罩制作服务公司，估计替本地厂商的整个 IC 生产周期节省了至少 20 天（林锡铭，1987）。

① 引自“行政院财政部”网站：http://www.mof.gov.tw/statistic/trade。

早在20世纪60年代,已有一些美国电子公司迁入中国台湾南部的加工出口区,从事封装、测试和组装工作(例如通用器材、摩托罗拉、高雄电子和德州仪器)。渐渐地,这些公司都“本地化”了——例如,摩托罗拉和高雄电子不约而同地在1999年把它们的封装产能卖给中国台湾本地人经营的公司。那一年,中国台湾的封装产能排名世界第一,岛内封装需求99%由本地供应,本地封装业者则有一半的生意来自岛内厂商(工业技术研究院电子工业研究所,2000)。

IC设计业的人力资源,和整个IC产业一样,早期大部分出身工业技术研究院电子工业研究所及其他当局机构或计划,小部分来自海外。大部分早期的IC设计公司,如太欣半导体(成立于1982年)、盛群半导体(1983年)和普诚科技(1986年),若非工业技术研究院电子工业研究所的衍生公司,就是电子工业研究所的人自己出来创办的。这些公司继而(非刻意地)衍生出其他公司,例如其朋半导体(1985年)和通泰集成电路(1986年),就是从太欣衍生出来的。80年代后期,当外国(地区)IDM公司如摩托罗拉和飞利浦,来中国台湾成立IC设计子公司时,它们有的去电子工业研究所挖角,有的请电子工业研究所帮忙训练人才(林锡铭,1987)。海归学人一直到90年代才变得重要起来。在1989年,中国台湾十大IC设计公司中估计只有两家是海归学人经营的,但到了1995年,海归学人经营的公司已增加到五家(徐进钰,1997)。

新创公司:选择性扶植厂商

创业投资(venture capitalism,以下简称创投)这一行在中国台湾非常兴盛(中国台湾是后进国家或地区中最早发展创业投资的经济体之一),对于支持中国台湾高科技产业的发展功不可没。[1] 当局是创投事业的催化剂。1983年,在李国鼎先生的督促下,当局开始推动用创投基金来提供新创公司所需的创业资金,李国鼎是我们先前提过的有台湾“高科技产业之父”之称

---

① “70%的创投资金投资于电脑相关产业和电子业。其余投资于通信、工业产品和医疗/生物科技。中国台湾的创投集中于科技产业而非传统产业,跟新加坡和韩国的情形差不多,这一点可以用当局为了引导创投业投资于科技事业,而提供的赋税减抵办法来解释。”(Wang,1995,p.86)

的重要人物(Li,1988)。[①]

尽管如此,中国台湾有数目庞大(虽然在急遽减少中)的新创公司(关于电子业的厂商进入退出率,见表2.27),却不能归功于创投事业。根据1995—2000年的创投资料,新创公司仅获得一小部分创投资金(见表3.18)。以创投资金分配给公司生命周期五个阶段(播种期、创业期、扩充期、成熟期和重整期)的比例来看,创业期在1995年仅分到13.3%。[②] 如果现存资料无误的话,那么最大比例的创投资金是给了扩充期和成熟期(前者包括私人公司借股票初次上市——IPO——转型为公共持有的公司)。[③] 到了2000年,创业期分到的比例已增加到32.8%,但仍比不上扩充期和成熟期。

表3.18 创投事业对客户生命周期不同阶段的投资,1995—2000年 单位:%

生命阶段	1995	1996	1997	1998	1999	2000
播种期	8.0	10.1	4.2	9.3	6.3	7.8
创业期	13.3	17.8	24.1	25.7	25.1	32.8
扩充期	49.2	55.2	49.3	46.1	44.0	42.1
成熟期	24.2	16.2	21.2	18.9	23.9	16.4
重整期	5.2	0.7	1.3	0.8	0.7	0.9
总计	100.0	100.0	100.0	100.0	100.0	100.0

资料来源:台湾创业投资商业同业公会,历年。

有的新创公司是由某个外部机构创立的,那个机构通常是当局,而不是创投公司(事实上,中国台湾最早的几家创投公司之一就是当局成立的)。有时,当局直接成立新创公司,就像它创办联电和台积电这两家世界级、公有

① "财政部"于1983年颁布了一条法规("创业投资事业管理规则"),规定创投公司的组织、最低资本额、基金管理与监督等相关规则。中国台湾第一家创投公司是宏大创业投资公司(成立于1984年),是宏碁与大陆工程的合资事业。1986年,一家美国创投公司(Hambrest and Quest)与数个中国台湾当局机构合资成立汉通创业投资公司——49%的最低资本额来自"行政院开发基金"和台湾交通银行,后者是一家准开发银行(参阅曾嫲卿,1991;《联合报》,1986/2/27,第2版;台湾创业投资商业同业公会,历年,网址:http://www.tvca.org.tw)。

② 由创投业出资成立的新创公司,在20世纪80年代的比重可能大于90年代。据估计,1987年在新竹科学园区运作的80家公司中,有多达43家是靠创投公司的资金成立的(Liu et al.,1989)。

③ "创投业在指导科技公司股票上市这件事上成果辉煌。"(Wang,1995,p.90)股票上市是创投业者获利退场的主要策略。

半导体晶圆代工厂一样。但当局通常的做法是间接支持,向新创公司提供必要的资金、设施和已研发成功的技术,使之能够成长。

在台湾,当局支持新创公司的方式主要是通过科学园区,第一座科学园区设在台北之南的新竹,第二座设在台南。进驻园区的新创公司是当局精心挑选的。园区公司获得当局广泛而慷慨的补助,包括免征租税和进口关税;补助款和低利贷款;以低于市价的租金,承租高品质的厂房建筑或土地;供给高级研究人员各种生活上的便利设施(包括为归侨子女办的双语教育);使用当局和大学的研究设备。“20 世纪 80 年代台湾经济成长的火车头是资讯产业,科学工业园区是那个火车头的司机。”①(Liu et al. ,1989,p. 35)新竹科学园区在台湾的全部研发支出中占了很大一块,而且比重越来越高——1998 年高达 18%,虽然它占总产值的比重(营业收入占 GNP 的比重)还不到 1%(见表 3.19)。随着台湾教育出来的博士越来越多(约从 1990 年的 0.6 万人增加到 1998 年的 1.6 万人),这些博士受雇于新竹科学园区厂商的比重,也在同一时期从 2% 增加到 6% 以上。

表 3.19 新竹科学工业园区占全台湾研发支出、GNP 和博士人数的比例,1989—1998 年

单位:%

年份	竹科营业收入/GNP	竹科博士人数/全台湾博士人数	竹科研发支出/全台湾研发支出
1989	0.01	2.0	4.6
1990	0.02	2.8	4.8
1991	0.02	2.7	5.1
1992	0.02	2.5	4.7
1993	0.02	2.8	6.1
1994	0.03	3.5	7.1
1995	0.04	4.7	10.0
1996	0.04	5.6	12.9
1997	0.05	5.9	15.0
1998	0.05	6.2	18.0

资料来源:“行政院国家科学委员会”,历年 b。

① 亦请阅 Chang(1992);Xue(1997);杨友仁(1998);“行政院国家科学委员会”(历年 b)。

我们在第二章讨论过的许多后起者都和新竹科学园区脱不了关系，包括宏碁集团及它的一些子公司如宏碁科技，以及智邦科技、建兴电子、亿讯科技、智捷科技、台达捷能、东讯、瑞昱半导体、台扬科技，等等。友讯的第一座全自动化工厂也设在新竹科学园区。

来自当局的技术扩散

在旧经济时代，台湾当局利用关税保护、出口奖励和低息贷款等办法，去扶植受优惠待遇的厂商。到了20世纪90年代，在新的国际法下（按照WTO的规定），出口奖励遭到禁止，关税保护也越来越窒碍难行——因为出口导向的IT组装厂必须用世界价格来取得进口的高科技组件。保护手段的使用遂不得不有所节制。台湾在80年代中期的进口税率，连许多电脑相关产品都不低，无论输出国（地区）是一般国家（地区）还是最惠国（地区）（见表3.4）。但IT产业的进口税率还是低于缝纫机和自行车这两个典型的旧经济产业。到了90年代，IT产品的保护性关税已变得微不足道，部分是由于台湾为了加入WTO所做的努力。在新经济时代，台湾当局扶植本地企业的手段不再是进口保护或出口奖励，而是广泛地、深度地和系统化地补助它们的"研发"，广义地包括所有形态的科学与技术。

当局提振高科技的办法有三个（实际例子见前面的讨论）：(1) 由当局所属的研究所进行研究开发，然后传播技术至私人部门，或者衍生私营公司；(2) 推动与私人部门合作的研究计划；(3) 补助民间研发。在整个20世纪80年代，当局赞助的研发通常在所有与工业技术有关的研发中占了一半之多。在90年代，当局赞助的比重仅略微下降。[①] 当局占全部研发支出的比重则维持在32%左右（见表2.18）。

---

① 引自"行政院国家科学委员会"（历年b），研发资金来源表；以及萧峰雄（1994）。除了宏碁之外，很多第二章讨论过的后起者也参加了当局赞助的研究计划。光是工业技术研究院的电脑与通信研究所，就转移了九项技术给智邦，五项给智捷和力捷，三项给台达，两项给光宝，一项给友讯（"行政院经济部"，历年c）。

中国台湾当局在电脑和IT领域下的功夫，虽不像它在半导体产业的努力那样广为人知，但其贡献仍不可抹杀。“经济部工业局”很早就开始推动信息技术产业，可以说对该产业的成长有巨大而正面的影响（工业技术研究院电子工业研究所，1994）①。美国微电脑产业才诞生两年（诞生日期如第二章所述），工业技术研究院电子工业研究所就接受“经济部工业局”的委托，展开电脑工业科技发展计划的第一期。譬如，自1979年7月起，电子工业研究所即送出数批工程师去王安电脑（美国）接受为期十个月的训练，培训内容包括电脑硬件和软件设计。这个电脑工业技术发展计划每四年更新一次，对电脑技术的广泛扩散贡献甚大。1984年，电子工业研究所又在协助宏碁开发中国台湾第一台16位IBM PC兼容机上起了关键作用。电子工业研究所帮宏碁开发了一个合法的基本输入输出系统（BIOS），用于出口美国的个人电脑。中国台湾本地厂商因此能够在全球个人电脑热潮初起的阶段就进入市场。部分由于这个后起者优势，中国台湾IT产业才能保持它在亚洲竞争者中间的领先地位。另外，电子工业研究所设立了一座拥有昂贵、特殊设备的实验室，供民间厂商在出口之前先测试产品（这所实验室在1983年衍生为一个独立机构，叫做台湾电子检验中心）。电子工业研究所还开发其他技术并通过培训课程转移技术给民间电脑厂商，包括以太网络（ethernet network）和令牌环网（token ring network）、工作站、终端机和监视器、档案管理软件，等等。

中心卫星系统

当局对网络最直接的贡献是成立财团法人中卫发展中心（英文原名是Core-Satellite Development Center，后改名为Corporate Synergy Development Center）。② 当初“经济部工业局”发起成立这个中心，是想在适当的台湾产业

---

① 关于“经济部工业局”在促进中国台湾新经济发展上的角色，请阅Mathews（1997）及Chu（1998）。

② 除非另外注明，否则这一节的资料均引自工业技术研究院经济与资讯服务中心（2000c）；政治大学公共行政中心（1999）；以及中卫发展中心（2001）。

形成中心卫星工厂体系。该系统的设计是将小厂商纳入一个大企业的运行范围,借此强化小厂商。小厂商可望因此获得更稳定的需求,以便能专心提升自己的运作水平。中心厂商与卫星厂商之间更好地合作,亦可望提升整个经济体的生产力和效率水平。

当局提供财务诱因,去鼓励中心厂商和卫星厂商进行合作。对卫星厂商的好处是,可以得到中心厂商在及时仓储管理、成本合理化、品质保证及其他升级计划等方面的技术支持。对中心厂商的好处是,可以趁机投资于前途看好的新创公司,并且改善供应商的绩效,况且帮自己的供应商建立管理系统,既合乎自身的利益,还可以获得当局补助管理顾问费。

刚开始中卫发展中心专注于推动垂直式的中心卫星系统。垂直系统分两种。一种是,中心厂商向卫星厂商购买零件。另一种是,卫星厂商进一步处理来自中心厂商的投入(加工)。后来,在1995年,工业局要求中卫发展中心提供更多服务,去协助同一产业内不同类型厂商之间的水平合作,比如分享营销渠道,或至少分享全球市场情报(如同IT产业的资讯市场情报中心)。第三种系统因此而出现,也就是水平系统。

中卫发展中心协助各产业建立、维持和监督一个共同的中心卫星架构。它也帮忙协调和提升登记厂商的技术能力、管理知识及电子商务。参加计划的厂商认为,对它们帮助最大的是与全面品质管理、全面成本合理化和卫星厂商品质保证有关的协助。到了2000年,中卫发展中心已登记192个中心卫星系统,参加厂商总共是3 115家。

实际上,在电子业,中心厂商与卫星厂商大部分仍保持适当距离,IT产业的情形尤其如此。看来汽车制造业对于两种垂直式中心卫星系统的接受度最高,该产业的卫星厂商很多都从事非电力机械业,规模比较小(关于非电力机械业的厂商规模分布情形,见表3.2)。相反,在小厂商仅占总附加价值20%的电子业,当局补助的中心卫星系统似乎较乏人问津。如表3.20所示,在电子业中,厂商登记最踊跃的(370家)是电机业(例如涡轮机、马达和发电机)。1996年IT产业总共有2 680家被动零件供应商,三年后只有221

家在中卫发展中心登记。登记为中卫发展中心厂商的50家电子厂商,还不到占电子业总附加价值约六成的160家大电子厂商的1/3(见表2.24)。①此外,运输工具和非电子机械业虽然只占总制造产出的11.4%,却占了中卫发展中心登记厂商的38.3%。

表3.20 中心卫星体系,按行业分,2001年

行业类别	中卫发展中心厂商总数	参与厂商总数	参与厂商数分配比重[1](%)	产业占制造业产值比重[2](%)
运输工具和非电子机械制造业	79	1 080	38.3	11.4
汽车业	22	448	(15.9)	
机车业	21	257	(9.1)	
自行车业	5	43	(1.5)	
航天业	5	46	(1.6)	
机械业	26	286	(10.2)	
电子业	50	712	25.3	24.3
电机业	17	370	(13.2)	
家电业	10	121	(4.3)	
电子资讯业	23	221	(7.8)	
其他	49	1 025	36.4	64.3
食品业	5	42	(1.5)	
民生用品业	10	76	(2.7)	
钢铁加工业	12	208	(7.4)	
化工业	7	91	(3.2)	
纺织业	11	55	(2.0)	
杂项工业制品	4	553	(19.6)	
合计		2 817	100.0	100.0
水平整合	9	267	8.6	—
培育	5	31	1.0	—
总计	192	3 115	—	—

注:1. 100% =2 817家。

2. 占1996年制造业总产值比重(见表3.3)。

资料来源:中卫发展中心网站,http://www.csd.org.tw。

① 员工至少500人的电子厂商共160家,这个数字是由“行政院主计处”提供的。

绩效标准

从以上讨论可知,尽管当局声称支持自由化,以及确实开放市场让更多台湾以外的竞争者进来,实际上产业政策仍在台湾高科技产业扮演重要角色。产业政策的普遍成功(用台湾 IT 产业的全球市场占有率来衡量),与台湾取得的技术的成熟度有关,也与绩效标准有关。

如第二章所述,被台湾当局指定为进口替代目标的“高科技”产品,以世界标准观之业已成熟。可见当局在选择目标时并不是盲目冒进,而是考虑到本地企业只需面对经济上的不确定性,不必面对技术上的未知数。不过,当局决策亦可能差之毫厘失之千里,因为技术上的不确定性未必可以等闲视之。举例来说,在 IT 产业,当局在几个可能性中间做出了正确的抉择。它“决定押宝在 CMOS 上,后来证明起了关键作用,使台湾能够同步发展半导体技术和个人电脑资讯技术,因之获得高度相辅相成的效应”(Chang and Tsai, 2000, p. 187)①。除了由产、官、学界组成的委员会对技术发展趋势做出审慎研究和一致结论之外,当局补助款的分配普遍成功,也是因为当局和以往一样,把津贴和具体的、可衡量、可监督的绩效标准拴在一起。② 与过去不同的是,在高科技产业升级阶段,绩效标准偏重于对知识资产的投资。

绩效标准在台湾高科技产业发挥了两个功能:一个是作为厂商申请当局补助的必备资格,另一个是作为厂商继续获得当局奖励的先决条件。当局有必要设定这些限制,因为申请补助的厂商和研究机构太多,僧多粥少,供不应求。这些条件本身能够发挥效力,乃是因为——如我们访谈的厂商经理人所说的——台湾制造业已累积足够的经验和技术,潜在地可以制造高科技产品来获利。当当局补助的计划开始获利时,它们创造的收入使接受补助的厂商

---

① CMOS 是互补性氧化金属半导体。关于当局发展 CMOS 的决策,请阅工业技术研究院电子工业研究所(1994), Chiang(1990)及 Chang et al. (1994)。

② 关于绩效标准与当局在后工业化中干预成功的关系,请阅 Amsden(2001)的一般讨论。

有能力偿还贷款,并且达到当局规定的研发水平——这是当局补助最主要的条件。成功的计划反过来又加强了当局促进产业升级的决心。

新竹科学园区申请设厂的条件(约1980年)如下:

(1) 厂商须具有产制成品之各项设计能力,并有产品之整体发展计划。

(2) 产品已经过初期研究发展,正在发展中。

(3) 产品具有发展及创新之潜力。

(4) 设有研究发展部门,从事高级创新及研究发展工作,研发部门符合最低规模之规定。

(5) 生产或研究发展过程中须引进及培养高级科技人员,或需较多研究发展费用。

(6) 自产品开始销售之日或开始提供劳务之日起,连续三年内员工须包含至少50%的本地技术人员。

(7) 对经济建设和安全防卫有重大助益。(Liu et al. ,1989)

负责审核的单位是一个由产官学界三方组成的委员会,与其他当局计划的做法一样。

向当局申请策略性产品/产业(如CD-ROMs或TFT-LCDs)奖励办法的厂商须符合下列标准:

(1) 证明财务健全及有经济能力。

(2) 证明有实际运作的研究部门。

(3) 证明过去有重大研究发展成就。

接受当局补助的产品一旦开发成功,其知识产权的安排如下:

(1) 知识产权由"经济部"及开发该产品的厂商平均分享,视为共同财产,因为当局实际出资占全部开发成本的一半。

(2) 如"经济部"决定出售自己拥有的一半知识产权,与当局分享该知识产权的厂商有优先承购权或拒绝权。

(3) 如厂商在开发计划完成后的三年内,由于破产、营销策略不善或营运困难等因素,仍未开始生产或开始销售该先进产品,则厂商不仅完全丧失知识产权，且须分期偿还当局投资的金额。

策略性产业的厂商为了获得研发补助，必须投资一定比重的营业收入在更多研发上。比重多寡部分视厂商规模而定。厂商规模越大，比重越高。若实际研发支出低于规定的比重，则厂商必须将不足部分上缴当局指定的研究发展基金。

由此可见，当局主动促进策略性产业积累知识资产，借此维护中国台湾作为一个生产基地的地位。当局在补助方面施加的绩效标准，进一步促进了高科技产业的发展。

结论

中国台湾电子业的后起者能够晋升至更高附加价值的产品，乃得力于本地聚集了大量的中小型零配件供应商。但是，如果认定这个地理聚集的表现恰似教科书上通常以意大利的 Reggio nell'Emilia 工业区或加州硅谷为代表的"网络"，则恐怕与事实不符。就"代工"一词的通常含义而言，中国台湾地区内部组装厂的本地供应商几乎不从事任何代工。它们只做一点点"加工"，或替另一家厂商处理生产过程中的某个特殊阶段。它们的价值在于，以保持适当距离的方式，出售价格有竞争力、交货又准时的被动组件。因此，即使是同样的产业，后进者的制造网络似乎和较先进工业经济体的制造网络有着不同的习性，恰似先行者与后起者有着不同的习性。

以世界尖端标准视之，中国台湾电子业的技术不够成熟，而且高度依赖进口的主动零配件，所以本地网络难以成为带动产业技术升级的先头部队。相反，这个角色落在中国台湾以外的供应商和中国台湾当局的头上。中国台湾当局所属机构承担了培育高科技新创公司，以及加强中国台湾科技能力的责任。尽管市场已自由化，当局仍然在促进关键零配件的进口替代上扮演重要角色。它创造新的市场部门，使中国台湾厂商终于能够在世界市场上扬眉吐气。不过,当局在高科技产业使用新的政策工具,不同于它在旧经济时代使用的政策工具。

电子业在中国台湾刚崛起的时候,大多数厂商的创业规模都很小;只有少数厂商的后台老板是大集团(譬如神通电脑和大众电脑,前者属于联华实业,后者是台塑集团的一员)。到了产品周期的第二代或第三代,领先厂商已积累了相当多的技术与财富。因此,既存的大厂商较容易成为"新兴"市场部门的"后起者",小厂商则不是这样。虽然至今电子业仍不断冒出许多新创公司和新加入者(不过,普查资料却显示加入率和退出率两者均呈现大幅下滑之势),这些新来者往往获得大规模、老资格厂商旗下创投事业的援助。我们缺乏系统化的资料来证明这一点,但是从创投事业的评估中可以看出,近年来最有潜力的新创公司往往和某个既存大厂商有某方面的联系。

第四章 现代服务业——企业集团的再起

所得水平的上升与市场的自由化,使中国台湾的服务业开始改观。自1986年起,自由化如火如荼地展开,当局法规逐一松绑,新旧企业暴露于更激烈的竞争之下。在本地人经营的厂商中,最大受益者是多元化的企业集团。过去的计划执行经验,加上从旧经济中累积的资本,使它们能够迅速扩张至服务业。由于当局对外商施以暂时性的限制,本地集团乃趁机而起,成为"最新的"高科技市场部门的后起者。整体而言,它们在GNP中的比重显著增加。

大企业集团

和其他后进经济体一样,中国台湾的旧经济掌握在多元化经营的企业集团手中。这些集团从旧经济取得某种技能,使它们能够将版图延伸至服务业。这种企业形态之所以在后进经济体中盛行,乃是因为后进者的企业缺乏在某一专业技术类别上的世界级能力,企业的成长往往得靠分散投资于利润率最高的新商机,有时新商机在技术上跟它们的最初专业毫不相干。随着集团不断增加业务种类,它们也变得非常擅长多元化经营,这种能力本身是一个关键技能。于是一个原属某一个产业的集团,遂能借着资助另一个产业的成员,去克服长期资本市场的不完美和僵化(Amsden,2001)。集团扩张之后,往往更容易吸引最优秀的人才,并且派专业经理人去管理制造运作。这又提高了它在生产工程方面的技术能力。一次又一次的多元化,使它越来越善于用低成本和高速度进入新的业务范畴,从而提高它的计划执行能力(Amsden and Hikino,1994)。

集团本身可能通过各种正式或非正式的联系而互相联结。[①] 据说中国台湾的企业集团像“一串香蕉”似的,在最顶端连在一起(Numazaki,1993)。[②] 举例来说,从事食品加工的统一集团,与专做纺织的台南纺织集团,原本是两个不相干的产业,但董事长竟然是同一人。如果将这些千丝万缕的关系考虑在内,那么中国台湾产值集中于几个最大集团的程度,恐怕超过它们公布的占 GNP 比例所暗示的集中度。

如表 4.1 所示,直到 20 世纪 80 年代中叶,按营业收入排名的中国台湾前一百大企业集团仅占 GNP 的 30% 左右。相较于韩国经济集中在四大财团手中,这个比例不能算高。可是比起其他后进经济体,包括阿根廷、巴西、墨西哥和印度,这个比例显然很高,虽然一个集团公布的市场占有率取决于它如何综合计算它在子公司的持股,而且各经济体的财务会计制度往往不同,甚至同一个经济体内的不同集团也可能有不同的会计惯例。90 年代初期,在来自后进经济体的五十个最大集团中,估计韩国拔得头筹,占二十一席。

---

① 企业集团(也称为关系企业)通常为单一家族所拥有和控制,至少延续到第二代,每一代掌权的时间差不多是二十年。集团顶端通常是某种形态的控股公司,控制旗下各式各样的子公司,即使子公司的股票已在证券交易所上市仍是如此。中国台湾的企业集团总部很小,和先进经济体的企业集团一样。如第二章所示,中国台湾以电子业为主业的集团,例如东元和光宝,在顶端运筹帷幄,做出重大扩张决策的人,不过是十来位专业人士和家族成员而已。

② 关于中国台湾的集团,亦请参考 Amsden(2001),瞿宛文、洪嘉瑜(2002),Fields(1995),Gold(1988),Hamilton(1991),Lai(1990),Numazaki(1986),Numazaki(1997),Schak(1999),以及 Taniura(1989)。

中国台湾占十席,排名第二。墨西哥(人口是中国台湾的四倍以上)占七席,排名第三,但墨西哥的集团不是全部以制造业为主业,不像韩国和中国台湾(Amsden,2001)。

中国台湾百大集团的核心事业最初确实是制造业。如表4.2所示,在20世纪70年代和80年代初期,制造业通常占前一百大集团核心事业的85%或更多。随着电子业的蓬勃发展,从该产业崛起的集团开始进入百大集团排行榜(如宏碁和光宝),制造业作为集团核心活动的中枢地位也更加稳固。尽管如此,渐渐地,越来越多的集团(不论是老资格的集团还是刚挤进百大的集团)都把核心活动放在服务业——以1996年为例,在总数118个集团中,就有25个是以服务业为主业。如果把建筑服务也计算在内,那么以服务业为主业的集团增至34个。

从各大企业集团的子公司历年来在各行各业的分布情形,可以看出服务业对集团的事业日益重要。子公司与制造业的关系,以及它们在制造业与服务业之间的消长,见证了中国台湾的产业转型史(见表4.3)。起初大集团的子公司主要从事工业生产。在1974年和1976年这两年,仅有17%的子公司从事服务业。从当时大集团在制造业中布局子公司的情形来看,最重要的制造业是纺织(包括制鞋)、塑胶化学和食品加工。纺织和塑胶化学的比重逐渐下降,食品加工的地位则维持不坠,甚至在1997年和1998年这两年还增加了。对集团的投资而言,机械业一向不大重要;如第三章所述,该产业的经营者绝大多数是小厂商。运输设备业也普遍遭集团冷落,虽然其重要性逐渐有所提升(该产业的外商参与率也比机械业高)。在制造业当中,子公司增加最多的产业是电子业(包括电器用品)。从80年代后期开始,越来越多的集团直接参与电子业的生产工作。如第二章所述,虽然出身电子业的集团倾向于专攻电子一个产业,但它们的电子产品多样化的程度,往往超过欧美的领先电子公司(中国台湾、日本和韩国的电子公司在这一点上颇为相似)。一个有趣的现象是,在大部分产业,子公司的数目年年不同,暗示着子公司加入和退出集团的动作频繁,不论是已跻身百大还是正朝百大迈进的集团。

表 4.1 历年百大企业集团营业收入占 GNP 比例及员工数占就业人口比例,1973—1998 年

	1973	1975	1977	1979	1981	1983	1986	1988	1990	1992	1994	1996	1998
A. 百大集团营业收入(10 亿美元)	3.5	4.3	6.2	10.6	13.4	15.8	23.7	43.4	62.3	73.4	101.5	121.3	150.6
平均年增长率(%)	—	-4	14	19	1	9	9	21	15	2	18	9	20
B. GNP(10 亿美元)	11	15	22	33	47	52	83	128	163	215	250	297	328
A/B(%)	32.3	28.0	28.7	31.9	28.8	30.1	28.7	33.8	38.3	34.2	40.6	42.9	54.0
C. 百大集团雇佣人数(千人)	277	283	300	313	308	330	335	375	397	436	489	577	770
平均年增长率(%)	—	1	3	2	-1	4	1	6	3	5	6	9	17
D. 全部就业人口(千人)	5 125	5 521	5 980	6 426	6 672	7 070	7 733	8 108	8 283	8 632	8 939	9 068	9 289
C/D(%)	5.4	5.1	5.0	4.9	4.6	4.7	4.3	4.6	4.8	5.0	5.4	6.3	8.3
集团数(家)	100	100	100	100	100	96	97	100	100	100	100	100	100
“中华征信所”收录集团数(家)	111	106	100	100	100	96	97	100	101	101	115	113	179

注:所列营业收入与 GNP 以当期价格计算,营业收入的实质平均年增长率的计算则以 1996 年的新台币币值为常数。1973—1998 年的营业收入平均增长率是 11%。1973—1998 年的雇佣人数平均增长率是 5%。新台币对美元兑换率取自 CEPD(历年)。

“中华征信所”定义下的集团必须符合下列标准:(1) 至少拥有二三家子公司;(2) 核心公司须设在中国台湾;(3) 核心公司的台湾本地人持股比例须超过 50%;(4) 核心公司须持有子公司股份的 50% 以上,或为最大股东;(5) 如有交叉持股情形,则核心公司须持有子公司股份的 33% 以上,或为最大股东;(6) 集团须达到最低资产及营业额水平(绝对水平随时间变动)。“中华征信所”在界定集团时亦考虑了一个主观因素:公司本身如何看待其子公司。不过“中华征信所”并未说明它如何使用这个主观因素。“中华征信所”记载的集团通常超过 100 家,除了 1983 年和 1986 年。这两年收录的集团数目少于 100 家。

资料来源:瞿宛文、洪嘉瑜,2002,表 1,原修订自“中华征信所”,历年。

表 4.2 历年百大企业集团核心事业,1973—1998 年

	1973	1975	1977	1979	1981	1983	1986	1988	1990	1992	1994	1996	1998
食品业	16	19	15	12	14	12	15	17	15	13	15	15	18
纺织、制鞋业	34	32	26	22	20	17	19	14	13	12	19	17	23
塑胶及化学业	11	10	14	17	20	17	14	13	13	12	14	14	18
纸及纸制品业	9	6	5	3	3	2	3	3	3	3	3	2	3
水泥及其制品	2	3	4	5	4	6	5	4	4	4	4	2	4
金属制品	7	8	8	12	10	7	7	9	7	4	8	8	9
机械	2	2	1	2	0	0	1	3	2	3	2	2	6
电工器材	7	7	8	7	10	8	12	13	14	18	18	19	39
运输工具	6	7	5	6	4	7	5	3	5	7	3	5	6
制造业合计	94	94	86	86	85	76	81	79	76	76	85	84	126
商业贸易	2	1	2	3	6	6	5	6	7	7	7	6	5
金融保险业	1	1	1	3	5	7	3	4	4	5	8	8	15
航运仓储运输业	2	1	0	1	1	1	1	1	3	2	2	4	10
汽车买卖	—	—	—	—	—	—	3	2	2	2	3	1	6
资讯服务	—	—	—	—	—	—	—	—	—	—	1	0	2
工程技术服务	—	—	—	—	—	—	—	—	—	—	1	1	1
其他制造及服务	9	8	8	5	3	4	5	8	8	5	4	5	1

（续表）

	1973	1975	1977	1979	1981	1983	1986	1988	1990	1992	1994	1996	1998
服务业合计	14	11	11	12	15	18	17	21	24	21	26	25	40
农林渔牧业	2	0	1	1	1	1	1	1	1	1	0	0	1
建筑	—	—	—	—	—	—	2	2	2	7	9	9	16
杂项	1	1	2	1	2	1	0	0	0	0	0	0	3
其他产业合计	3	1	3	2	3	2	3	3	3	8	9	9	30
总计	111	106	100	100	103	96	101	103	103	105	121	118	186

注："中华征信所"界定核心事业为母公司经营的产业。母公司的主要业务被视为集团的核心事业。母公司或核心公司是集团董事长做决策来影响集团中其他子公司的场所。

由于有些集团的核心公司不止经营一种业务，从而被重复计算，故表上所列核心公司总数可能大于集团总数（表 4.1 所列集团数）。

金融业包括租赁、银行、金融及保险、投资及控股、证券投资等。纺织业包括皮革及制鞋业。

资料来源："中华征信所"，1999 年。

表 4.3 集团子公司经营行业分布情形,1973—1998 年

行业	1973	1975	1977	1979	1981	1983	1986	1988	1990	1992	1994	1996	1998
农林渔牧	37	19	16	18	19	21	14	21	16	13	11	0	9
制造业													
食品	69	56	56	60	48	43	50	76	74	56	65	93	81
纺织	191	162	138	115	108	100	104	112	68	72	80	82	123
塑胶化学	107	76	79	95	104	83	71	88	73	67	77	91	128
电工器材	39	44	43	47	51	62	81	98	138	118	113	152	269
钢铁	38	36	27	42	51	48	43	62	44	44	43	55	65
机械	13	14	13	16	14	12	7	33	12	14	21	20	35
交通工具	17	19	20	15	19	20	20	17	31	30	30	37	58
水泥及其制品	8	8	11	8	13	16	16	15	17	20	26	28	32
木竹合板	25	19	18	14	12	4	5	5	4	5	1	0	3
皮革及其制品	—	—	—	—	—	—	6	5	2	2	3	4	—
制鞋	—	—	—	—	—	12	6	10	12	7	11	8	1
其他制造业[1]	—	—	—	—	—	—	—	—	—	—	42	54	32
建筑	19	16	22	29	42	35	48	30	34	84	90	98	48
电力燃料供应业	—	—	—	—	—	—	—	—	—	—	—	1	7
其他制造业与服务业[1]	86	94	91	59	46	45	49	52	84	85	—	—	—
服务业													
航运	22	10	3	9	10	5	3	4	8	8	13	26	22
百货零售	—	—	4	4	7	8	14	13	15	55	83	59	97
汽车销售	—	—	—	—	—	12	8	10	16	19	22	18	25

（续表）

行业	1973	1975	1977	1979	1981	1983	1986	1988	1990	1992	1994	1996	1998
仓储货运	12	5	20	23	21	20	17	17	22	22	25	30	32
资讯服务	—	—	—	—	—	14	15	45	23	23	18	32	59
进出口贸易	83	87	75	73	99	101	89	113	96	107	123	121	168
租赁业	—	—	—	—	—	13	24	24	39	25	26	28	33
金融保险	7	4	5	6	36	20	9	10	11	19	22	29	35
工程技术服务	—	—	—	—	—	6	5	5	5	17	31	37	33
广告	—	—	—	—	—	7	5	5	3	8	5	—	4
投资	—	—	—	—	—	21	34	52	85	54	47	67	244
证券投资业（经纪商）	—	—	—	—	—	—	—	10	4	14	22	53	197
餐饮及旅馆	6	4	4	5	7	10	10	20	14	15	22	19	35
社会服务	5	5	6	7	6	4	8	11	14	14	15	—	—
传播媒体	—	—	—	—	—	—	—	—	—	—	—	—	12
电信服务	—	—	—	—	—	—	—	—	—	—	—	—	13
其他服务业[1]	—	—	—	—	—	—	—	—	—	—	138	181	175
合计[2]	784	678	651	645	713	742	761	963	964	1 017	1 225	1 423	2 075
子公司总数[2]	784	678	651	645	713	745	738	832	816	918	1 091	1 215	1 944
子公司从事服务业比例（%）	17	17	18	20	26	32	32	35	37	39	50	49	57

注：1. 1993 年之前，“其他”类别包括其他制造业与其他服务业，1994 年起，这两类则分别列出。

2. 因部分企业集团系多元化经营，核心企业跨数个行业，故行业总数大于子公司总数。

资料来源：瞿宛文、洪嘉瑜，2002 年，修正整理自“中华征信所”，历年。

自1995年起,服务业开始占集团子公司总数的一半。最重要的服务业变成商业贸易和金融业(广义的,包括银行、保险、租赁、证券和不动产)。建筑业的重要性亦有所上升(周期性的),因为大集团纷纷成立自己的建筑公司,以便快速提升产能(见第二章及下面的讨论)。

领先集团在电子业打下江山之后,开始把势力范围扩张至服务业,它们整体占GNP的比重亦随之提高。百大集团的营业收入在1986年还不到GNP的30%。这个比重在20世纪90年代初期蹿升到40%以上。到了1998年已超过50%。[①] 因此,高科技产业的崛起及服务业的现代化,可以说恢复了集团结构在中国台湾的生机(见表4.1)。

服务业

服务业占中国台湾GNP的比重,在1988—1998年这十年间急遽上升,从50%增加到63%(见表4.4)。尽管占GNP的比重增加,以及百大集团有更多的子公司从事服务业,服务业的内部构造却相对稳定。各种服务业的增值总额比例几乎没有变动,公司规模的分布情形也大致相同。某些次产业的组合成分及规模确实改变了,但在市场自由化之后数年,整个服务业的结构并未显示任何剧烈变化,部分原因是电信服务业的扩张是1996年工商普查以后的事情。虽说如此,已有一些预兆显示改变即将到来。服务业中大企业的绝对数目增多。外资企业的活动范围扩大,虽然本地企业通常仍保持对产业的控制力量。在技术层次较高的服务业,随着竞争的加剧,以及进入行业所需的绝对资本额和技术水平提升,企业集团之间的合纵连横也更加频繁。

① 1999年的比重高达73%!这个三级跳模式,与1996—1998年间的跃升模式形成对比,很可能是当局的会计规定改变,迫使集团申报所有子公司的持股所致。但是,若集团未能排除重复计算的问题,这种更综合的申报方式则可能造成或增大误差(假设集团是垂直整合型的,那么一家子公司的投入,即可能被重复计算在使用该投入的另一家子公司的营业收入内)。所以严格来讲,1999年和1998年的数据是不能互相比较的,因此,我们未将1999年的资料列入比较。

新加入者合并的可能性加大，市场亦更趋于集中。

表 4.4　农业、工业及服务业占 GNP 的比重，1958—1998 年　　单位：%

年份	农业	工业（制造业）	服务业
1958	26.8	24.8 (16.8)	48.4
1968	19.0	34.4 (26.5)	46.5
1978	9.4	45.2 (35.6)	45.4
1988	5.0	44.8 (37.2)	50.1
1998	2.5	34.6 (27.4)	63.0

资料来源：CEPD，历年。

表 4.5 显示，服务业的主要次产业类别——商业及贸易、运输及通信、金融、工商服务、社会及个人服务——占增值总额的比重相对稳定。一如预期，金融业的比重上升（虽然升幅有限），特别是不动产业。运输业的比重下滑（可能是航空旅游业自由化、竞争和价格下滑造成的结果），包括电信业在内的通信服务业的比重也下降了，不过降幅比运输业小得多。但整体而言，大型次产业及其内部大部分专业服务类占增值总额的比重，在市场开放这十年之前与之后形成一个类似的模式。既然市场开放前和开放后的产业结构如此相似，可见在原先被压抑的市场下，资源分配并未遭到太多扭曲。

表 4.5　服务业各次产业占服务业总增值总额的比重，1986—1996 年　　单位：%

服务业	1986	1991	1996
商业及餐饮	36.4	38.0	38.9
批发	6.1	7.9	9.1
零售	17.0	15.7	16.5
国际贸易	10.7	11.2	10.5
餐饮	2.6	3.2	2.7
运输及通信业	23.8	18.7	15.3
运输	15.9	12.8	9.6
仓储	0.3	0.5	0.3
通信	7.6	5.4	5.3

（续表）

服务业	1986	1991	1996
金融服务业	22.8	25.6	26.4
金融	17.2	17.2	16.0
证券及期货	0.6	2.4	1.9
保险	3.6	3.2	4.6
不动产	1.5	2.8	3.9
工商服务业	4.2	4.9	6.0
法律及会计服务	0.5	0.5	0.7
土木建筑服务	—	0.3	1.0
商品经纪	0.4	0.3	0.3
顾问服务	0.7	1.1	0.8
资讯服务	0.4	0.7	0.7
广告	0.4	0.8	0.9
商业设计	0.5	0.2	0.4
租赁	0.8	0.5	0.6
其他工商服务	0.5	0.6	0.8
社会及个人服务业	12.9	12.9	13.5
环境卫生及污染防治服务	0.2	0.5	0.6
医疗保健服务	5.1	5.0	5.8
出版	0.8	1.1	0.9
电影	0.4	0.2	0.2
广播电视	0.8	0.6	0.7
艺术	0.0	0.0	0.0
娱乐	0.5	0.9	1.1
酒店	1.8	1.3	1.1
个人服务	3.4	3.3	3.0
服务业总计	100.0	100.0	100.0

资料来源:计算自“行政院主计处”所提供的工商普查资料。

从员工500人以上的大企业（也许属于某个企业集团，也许不属于）在服务业的分量来看，它们平均占增值总额的比重甚至下降了（虽然只稍稍降了一些），从1986年的38%降到1996年的35%（见表4.6）。通信业和金融业仍然由大企业主导。不过从运输到保险再到出版，大企业的分量都下降了。

然而，从绝对数目来看，员工500人以上的大企业在1986—1996年间增加了一倍多，从174家变成361家（见表4.6）。大企业的平均固定资产也几乎增加了一倍。果不出所料，在服务业，员工平均资产额很高的次产业，通常也是大企业很多的次产业（譬如运输业和金融业），或大企业占附加价值比重很高的次产业（譬如通信业和广播业）。

为了大致了解服务业的大企业与企业集团的子公司趋于一致的程度（两者是同一个实体），我们检视最大的次产业，即批发、零售及百货业，从1975年到1999年的前十大公司（见表4.7）。在这四分之一个世纪里始终排名前五名的远东百货公司，是远东集团的成员，远东集团则是1999年中国台湾前三十大企业集团的第九名（见表4.8）。远东集团旗下另一个子公司远百企业，是1999年排名第十的零售业者。统一超商在1990年、1995年和1999年这三年蝉联批发零售百货业的营业收入冠军，它是跨国便利商店7-11与统一集团的合资企业，统一集团的旗舰事业是食品加工。统一集团（1999年排名中国台湾前三十大集团的第十一名）旗下还有一个与（法商）家乐福（Carrefour）合资的企业叫做家福，这家大型超市的营业收入在1995年和1999年夺得零售业的亚军，1995年排名第七的捷盟营销（Retail Support International）也是统一集团的子公司（此外统一与跨国咖啡连锁店星巴克合资的企业，也是中国台湾十大餐饮服务公司之一）。其余的1999年的十大批发及零售业者，只有两家（全家便利商店和杰太日烟国际）与大集团无关。

表 4.6　服务业大企业(500 人以上)占增值毛额比重、厂商家数及员工平均固定资产,1986—1996 年

服务业	占增值毛额比重(%)			厂商家数			员工平均资产(新台币 1 000 元)		
	1986	1991	1996	1986	1991	1996	1986	1991	1996
批发	4.0	6.4	6.3	6	13	17	601	687	1 845
零售	6.2	11.0	14.3	10	39	58	438	1 077	1 305
国际贸易	3.5	5.1	2.1	8	11	9	415	671	1 606
餐饮	5.5	10.5	9.5	5	12	11	429	1 142	579
运输	51.8	48.0	41.9	42	44	46	3 242	5 149	8 207
仓储	12.7	17.3	10.8	2	1	1	147	1 695	2 325
通信	100.0	100.0	99.8	2	2	2	3 236	4 761	7 090
金融	76.2	73.3	79.0	24	31	54	861	1 768	3 453
证券及期货	—	3.4	46.8	—	2	14	—	2 218	1 866
保险	84.9	89.3	73.1	14	27	32	652	578	392
不动产	—	5.2	1.7	—	7	2	—	168	386
法律及会计服务	—	9.9	13.9	—	2	4	—	49	66
土木建筑服务	—	—	17.3	—	—	3	—	—	380
商品经纪	—	—	—	—	—	—	—	—	—
顾问服务	29.2	29.0	16.8	3	5	3	262	279	—

（续表）

服务业	占增值毛额比重(%)			厂商家数			员工平均资产(新台币1 000元)		
	1986	1991	1996	1986	1991	1996	1986	1991	1996
资讯服务	20.5	17.2	8.8	1	3	2	371	425	474
广告	—	3.1	—	—	1	—	—	61	—
设计	14.1	—	—	1	—	—	139	—	—
租赁	20.5	—	—	1	—	—	669	—	—
其他工商服务	14.5	22.8	26.3	2	4	10	248	569	—
环境卫生及污染防治服务	34.7	43.2	5.9	1	4	2	20	36	384
医疗保健服务	46.8	49.1	48.1	27	37	54	1 076	1 061	1 592
出版	56.6	57.4	40.5	10	12	12	663	1 034	1 347
电影	17.8	17.3	8.2	2	1	1	416	352	705
广播电视	57.0	62.5	33.9	4	4	5	1 170	2 058	5 126
艺术	—	—	—	—	—	—	—	—	—
娱乐	—	—	4.1	—	—	2	—	—	2 768
旅馆	38.0	30.1	37.4	9	10	15	1 216	2 462	2 821
个人服务	—	2.4	4.0	—	1	2	—	1 638	4 265
服务业总计(或平均值)	38.0	35.0	35.0	174	273	361	1 678	2 050	2 921

资料来源：计算自“行政院主计处”所提供的工商普查资料。

表 4.7　批发、零售及百货业前十大企业排名,1975—1999 年

公司名称	业主	1975	1980	1985	1990	1995	1999
远东百货		1	1	1	2	3	5
国际电化商品		2					
今日百货		3	2	2			
欣欣大众市场		4	6	7			
第一百货		5	8				
人人百货		6					
将军电器		7					
新光三越百货	J	8	4	5		4	3
来来百货			3				
中信百货			5				
永琦百货商场			7	6			
亚东百货			9				
环亚百货				3			
中兴百货				4	8	9	
统一超商	J				1	1	1
太平洋崇光百货	J				3	5	4
永琦东急百货	J				4		
丰群来来百货					5	10	
鸿源百货					6		
华资妆业					7		
大批发百货企业					9		
力霸百货					10		
家福	J					2	2
捷盟营销	J					6	
中友百货						7	
远百企业						8	10
宏碁科技							6
万客隆	F						7
全家便利商店	J						8
杰太日烟国际	F						9

注:J = 中国台湾地区以外的合伙人持股比例低于 50% 的合资企业。F = 中国台湾地区以外的人持股比例高于 50% 的外资企业。有些年份排名不到 10 家。

资料来源:“中华征信所”,1990 年,2000 年。

表 4.8 前三十大集团涉入的部分新开放服务业[1],1999 年

排名	集团企业	银行业	票券金融业	有线电视	民营发电厂	移动电话服务业	高速铁路投标案	固网投标案
1	霖园	汇通银行[2]				和信电讯	“中华高铁联盟”[3]	
2	台塑	大众银行	大众票券		麦寮汽电	泛亚电信		
3	新光	台新银行	台新票券					台湾固网 东森宽频
4	宏碁					台湾大哥大		台湾固网
5	裕隆							
6	和信	中信银行	中信票券	和信媒体	和平电力	和信电讯		新世纪资通
7	长荣	富邦银行				台湾大哥大	台湾高铁联盟	台湾固网
8	联华神通							全民电信[3]
9	远东	远东银行	大中票券		嘉惠电力	远传电信		新世纪资通
10	台湾飞利浦							
11	统一	万通银行	统一票券		统一电力[3]			新世纪资通
12	“中国钢铁”						台湾高铁联盟	
13	和泰—味全							
14	大同							
15	华隆							
16	庆丰	庆丰银行						
17	润泰	华信商银						

（续表）

排名	集团企业	银行业	票券金融业	有线电视	民营发电厂	移动电话服务业	高速铁路投标案	固网投标案
18	力霸	“中华商银”	力华票券	东森媒体				东森宽频
19	烨隆				麦寮汽电			
20	富邦	富邦银行	富邦票券			台湾大哥大	台湾高铁联盟	台湾固网
21	永丰馀	大安商银	大中票券					
22	东帝士	华信商银					“中华高铁联盟”[3]	
23	光宝	玉山银行						
24	太平洋电线电缆	大安银行				台湾大哥大	台湾高铁联盟	台湾固网
25	台积电							
26	东元	台新银行				东信电讯	台湾高铁联盟	东森宽频
27	宝成							
28	华航							
29	金宝一仁宝							全民电信[3]
30	太平洋建设							

注:1. 三十大集团:由《天下杂志》依营业额排序的 1999 年五十大集团取前三十名,《天下杂志》编辑部(1999)。

2. 1987 年霖园集团成立汇通银行,1991 年改名为国泰银行,并成立金融控股公司。

3. 代表提出申请但未中标的计划。

资料来源:瞿宛文、洪嘉瑜,2002 年。

因此,若以批发、零售及百货业作为服务业的普遍代表,则该产业确实有一些大型、独立的服务提供者。同时,集团也扮演着显赫及关键的角色。集团的成功,暗示着规模经济和范围经济的存在。相较于只有单一产品的服务提供者,集团享受从商誉(庞大顾客基础和最佳合资伙伴)和多产品营销(较低的单位分销成本)中所获得的经济效益。

多元化

后进经济体的厂商追逐多元化的动机向来一致:减少对成熟产品的依赖,因为成熟产品的利润率越来越低,而自己又缺乏足够的技术能力去创造一个利润率更高的新产品。在电子业,由于世界尖端科技日新月异,新产品层出不穷,有足够的新产品扩散至后进经济体,使专门经营电子业的厂商可以在同一个产业内进行多元化,从较老的产品线拓展至更新的产品线。第一个如此做的厂商坐享后起者优势带给它们的利益(见第二章)。但有些集团的核心事业受到全球技术变化缓慢的限制(例如纺织、制鞋、钢铁、食品和石化),多元化经营的范围就不一定局限在同一产业内的新产品线了(虽然在一些例子里,例如"中国钢铁",这仍是多元化的主要途径)。

因此,多元化经营的目的固然是扩大规模,但其性质却五花八门,通往服务业的途径也不一而足。有时,服务业与公司的核心本业有关,有时则不是这样。有时,服务业与公司的经营能力有关,与技术能力无关。有时,跨入服务业代表一笔大投资,有时只是一项"转投资"(re-investment)而已——一家公司买进另一家公司的非控制性股权,和任何人买股票的行为无异。有时,多元化与全球化双管齐下,有时多元化未必意味着全球化(即投资于海外生产或海外分销)。

虽然性质迥异,但大部分跨入服务业的重大多元化计划都涉及某个大企业集团利用自己的规模、范围经济和技能。最重要的技能与计划执行有关(瞿宛文、洪嘉瑜,2002)。以移动电话服务业为例,所有进入这一行的集团都是在一年内建立营运系统,然后刚营运三个月就展开激烈的价格竞争,互相抢夺后起者优势。这种增长速度和创立速度,以世界标准观之确实极快。这些集团长期经营传统产业,积累了大量的技能、留存盈余与经验,使它们拥有新厂商或单一产品厂商难以超越的优势。如果进入某个高科技服务业所需的投资规模过大,非任何单一集团所能负担,如银行和电信业的例子,则几个集团就组成联盟来合资经营。

从企业集团的平均子公司数增多,可以推知多元化的发生率升高(见表4.9)。在1971—1998年这30年间,子公司的平均员工数大致维持不变,集团的平均员工数却增多了。两者之所以呈现不同的变化,是集团的平均子公司数增加所致,后者正是多元化的指标。

表4.9　企业集团平均员工数与子公司数,1971—1998年

年份	集团总数	子公司总数	集团平均子公司数	员工总数(1 000人)	集团平均员工数	子公司平均员工数
1971	100	625	6.3	277	2 770	443
1973	111	784	7.1	283	2 550	325
1975	106	678	6.4	300	2 830	417
1977	100	651	6.5	313	3 130	481
1979	100	645	6.5	308	3 080	478
1981	100	713	7.1	330	3 300	463
1983	96	745	7.8	335	3 490	468
1986	97	738	7.6	375	3 866	524
1988	100	832	8.3	397	3 970	477
1990	101	816	8.1	436	4 317	529
1992	101	918	9.1	489	4 842	527
1994	115	1 091	9.5	577	5 017	460
1996	113	1 215	10.8	688	6 088	556
1998	179	1 944	10.9	770	4 302	396

注:集团平均员工数在1996—1998年间巨幅下跌,可能是因为"中华征信所"调查的集团数目大增,从113家增至179家之故。新增集团的子公司规模可能较小。在1998年,子公司员工数低于500人的集团总共有34家,1996年仅有6家。这个差异可能是金融集团兴起所造成的,金融公司的规模一般较小。在1998年,前百大集团的总营业收入占了前179个集团总营业收入的94%。

资料来源:"中华征信所",历年;瞿宛文、洪嘉瑜,2002年。

为了说明旧经济的资产对于进入服务业的重要性,下面我们检验五个集团的多元化模式,这五个集团是前三十大集团中我们访谈过的五家(见表4.8):长荣(第七)、远东(第九)、统一(第十一)、“中国钢铁”(第十二)和润泰(第十七)。

传统产业的遗产

润泰集团的核心能力是纺织——集团创办人的纺织事业起源于中国上海,来到中国台湾之后,在美资帮助下,于1953年成立润华染织公司。他也投资于土地开发。

土地开发引导润泰跨出多元化经营的第一步,第一个子公司润泰建设(后改名为润泰创新国际)成立于1977年,该公司兴建的第一座电梯大厦于1983年落成。翌年润泰建筑公司成立。1988年,两家子公司合力建造的“台北新世界”落成,这座商场兼酒店的综合大楼在开幕第一年就创下80亿元的业绩。1990年,润泰建筑与日商台湾竹中公司(Takenaka Taiwan Company)签订了一项技术协议,以改善品质并降低成本,翌年润泰建设被“中华征信所”评为5A级最优厂商。大约同一时期,润泰联合建筑师事务所和润德设计公司相继成立,提供高品质的室内装潢规划设计和建筑服务。1991年,复华地产管理公司的股票公开上市。1992年,润泰建筑公司荣获中国台湾地区建筑工程优良工地管理奖,润泰公寓大厦管理维护公司也于该年成立。1994年,润泰建设完成海外公司发债工作,奠定了全球扩张的基础。1995年,润泰建筑公司签下另一纸顾问合同,这回它请来美国的Schal Bovis公司帮它提升建筑管理知识,例如设计审查、工程评估、项目管理和采购策略。接着润弘精密工程公司成立,并与芬兰的百特科集团公司(Partek Corporation)签订了一项技术合作协议,以发展预铸混凝土的设计及制造技术。

润泰一边提升建筑能力,一边又进行纺织运作的现代化。新的杨梅厂于

1994 年扩建完成,引进新式纺织机和相关设备,并实施电脑自动化生产流程,以提升生产效率和产品品质。1993 年,润泰纺织取得 Nautica 牌产品中国台湾的独家代理权,从此踏入零售业。

最后,润泰集团于 1996 年成立大润发流通事业,在中国台湾和大陆两地从事物流、批发和零售业务。大润发模仿美国零售商好市多(Costco)的经营模式,是一种仓储式超市。第一家大润发开张之后,润泰又买下另两家商店,然后迅速扩张至全台 16 家连锁店。它很快就在大卖场这一行上升到第二名,仅次于家乐福(大润发不曾列入表 4.7,是因为该公司的会计程序之故)。1998 年,大润发在大陆的第一家超市在上海开幕。到了 2001 年,它在大陆各地已有 11 家连锁店。

进入零售业需要一大笔投资,因为必须达到一个起码的商店数,才能获得品牌知名度和良好的供应商服务。为了让商店尽快开始运营,速度是一个必要条件。在筹措资金和争取上市时间这两个目的上,润泰的纺织事业和营建工程部门扮演着关键性的角色:

> 大润发进军批发零售业,拥有润泰建筑及润弘工程在兴建卖场时的完全协助,并有润泰纺织和润泰建设两大上市公司及润泰集团内关系企业的全力支持;再加上(所有关系企业的)优秀人才与专业知识,这些都成为大润发快速发展的最佳基础。……大润发全部由台湾本地人自行规划经营,秉持着正确的经营理念和效率化的管理模式,发展空间不可限量(润泰集团年度报告,1998 年,p. 40)。

到了 2000 年,在润泰集团将近 50 亿美元的总营业额中,约 10% 来自纺织业,8% 来自建筑业,近 25% 来自零售业。

在润泰的发展过程中,旧经济与零售业紧密联系并非单向地由前者支持后者;不久之后,零售业就开始向建筑业伸出援手了。据说润泰同意将大润发台湾公司 67% 的股份分四年逐步卖给法商欧尚集团(Auchan),就是为了筹措足够的现金去帮它的建筑事业脱困(《联合报》,2000/12/23)。

无论如何,润泰的多元化途径兵分多路,除了伸向零售业之外,还有一条截然不同的发展路线，旧经济在此仅扮演一个小角色。这条路线以金融业为主。1985年，润泰利用纺织和建筑的收入，成立光华证券投资信托公司。翌年光华证券投资信托公司在伦敦推出“福尔摩沙文教基金”，成为第一只专为中国台湾地区以外的人投资台湾公司而设的共同基金。通过这一层关系，润泰于1987年成为美国安泰人寿在中国台湾成立的安泰人寿保险公司的少数股份合伙人，该公司是第二家获准在中国台湾营业的外商保险公司。1992年，润泰成为华信商业银行的股东，并入股“中华开发公司”。

到了2000年，保险业已占润泰集团总营业收入的30%，商业银行又占掉另外的15%。金融业不但成了润泰整个投资组合中最赚钱的一块，而且投资于金融业使润泰有机会接触各行各业的财务面，这又有助于它通过转投资方式进行多元化。润泰转投资的公司很快就增至32家（见表4.10）。

表4.10　转投资事业，2000年

公司名称	转投资家数（A）	持股10%以上的转投资家数（B）	B/A（%）
统一企业	70	53	76
大同	67	42	63
宏碁	62	46	74
东元电机	52	31	60
台塑	33	25	77
台达电子	32	16	50
润泰	32	21	66
智邦	29	14	48
国泰人寿	27	6	22
远东	25	17	68
“中国钢铁”	22	15	68
光宝	22	10	45
致福	21	17	81
台湾聚合	21	14	67
友讯	18	5	28

（续表）

公司名称	转投资家数(A)	持股10%以上的转投资家数(B)	B/A(%)
英群	17	11	65
长荣	16	8	50
瑞昱	16	7	44
英业达	12	10	83
台扬	8	5	63
智捷	0	0	—
台积电	19	16	84
广达	22	11	50
平均	28.2	18.1	60

资料来源:公司资料。

从历史角度来看,润泰集团与长期在中国台湾执政的国民党一向关系密切。据说润泰的合资伙伴安泰保险拥有一小部分国民党的投资基金。国民党是华信银行和“中华开发公司”的大股东,润泰也持有这两家公司的股份。但是,润泰的成功并非仅仅靠政商关系。有些人认为润泰是中国台湾所有集团中管理最专业化的一个。早在20世纪80年代,它已号称有最多位拥有企业管理硕士学位的经理人。润泰集团的总裁尹衍梁屡次在访问中表示,他把该公司的成功归功于高级专业经理,他本人从来不干涉他们的决策(蔡玉真,2000)。

和润泰一样,远东集团也是在美资的帮助下从纺织业起家的。不过远东从纺织业跨出的第一步是进入成衣业和合成纤维业(后来又进入零售业)。新的合成纤维制造流程才刚问世,远东纺织的老板就看准这个新技术将支配未来市场。用本地标准来衡量,远东化纤厂的规模很大,但从世界标准来看却很小,远东能够成功是因为它精通一套“多样少量”生产各种化学产品的技术。从化纤业出发,远东扩展至水泥业,然后进入建筑业。最后,和润泰一样,远东也运用自己的建筑能力去多元化经营服务业。远东集团的董事长徐旭东表示,他花了整整三年功夫,亲自督导远企中心的兴建,这座包括百货公司和宾馆的摩天大楼,将该集团的版图扩张至不动产业。

统一集团旗下也有一家建筑公司(统上开发建筑公司),帮它兴建各种零售商店(包括合资经营的7-11便利商店、家乐福、星巴克;独资经营的康是美化妆品连锁店；它买来的二十一世纪生活，是一家模仿肯德基的快餐店；还有它自己的连锁家具店）。但除此之外，统一跨入服务业与它的核心能力有高度相辅相成的关系。连锁食品店是从农场到食品加工，再到销售（批发及零售），一路延伸过来的。由于食品加工的地点通常邻近消费者，统一在创业初期就开始建立销售网络，附属在食品加工的主业之下。它进入零售业去贩售自己加工的食品——从牛奶到肉类，从方便面到速溶咖啡，从饮料到冷冻食品——是一个顺理成章的发展过程。但是零售业，包括在台湾和大陆两地，日渐成为统一的核心事业，因为统一预期台湾加入 WTO 之后，本地的食品加工业会丧失竞争力（例如，统一估计在大陆生产方便面的成本比台湾低两成）。在 2000 年，食品加工仅占统一营运的四成。

统一对大陆的投资非常庞大，既投资于食品加工，也投资于销售——多元化和全球化密不可分。以它的第一食品部门为例（主要是袋装食品，包括方便面和早餐谷物食品），在 20 世纪 90 年代后期，统一投资兴建的食品加工厂已遍及大陆的北京、天津、武汉、昆山、成都、广州、沈阳和其他城市，以及印度尼西亚。零售店已进驻大陆最大的城市，二级城市的零售店正在筹备中。在食品加工这一行，营销渠道被视为竞争力的关键。产品越多，而且销售网络的地点和服务越好，营销的报酬也越高。

截至 1998 年，统一在大陆的全部投资约为 11 亿美元，估计是台湾公司对大陆投资最多的一个。统一的营业收入有大约四成来自大陆。它的企业策略已改为在食品链的后勤管理上建立核心能力——在一个经济体融资，从另一个经济体的农场取得原料，然后再去另一个经济体加工，最后销往（批发及零售）全世界。

长荣集团的多元化也有高度协力的作用。1968 年，长荣集团的创办人向日本贸易公司丸红商事（Marubeni）借了一笔钱，买下一艘老旧的货轮，从此展开他的海运事业。长荣的突破是靠它对新兴经济体市场的投资。亚洲与中东的贸易才刚起步，长荣海运就率先开辟亚洲与中东之间的定期航线。它先在这些“软性”市场上学习做生意的窍门，然后驶向全球。

长荣变得高度多元化,起初是在海运相关领域内。它开始建造自己的货柜,首先在中国台湾,然后在马来西亚和中国大陆。接着买下日本的一座造船厂,开始建造一些自己的轮船。然后它进入船舶维修业,甚至投资东亚的一家连锁酒店。

1988 年中国台湾"交通部"宣布一项"开放天空"的政策,长荣从海运跨出去的重要转折点终于到来。长荣航空公司于翌年成立,起初经营岛内市场,然后开辟数条从中国台湾飞往世界各地的国际航线。长荣利用自己在远洋货运方面的旧经济能力,去管理它的航空事业。长荣航空的业务有大约 45% 来自航空货运,以世界民航界的标准来衡量,这是非常高的货运与客运比例。

"中国钢铁"跨入服务业的主要途径是转投资,运用它从传统产业赚到的资金。它在传统产业已积累了 25 年经验,制钢效率已达国际标准。"中国钢铁"的多元化模式是入主其他卷入激烈价格竞争的钢铁公司,借以创造"更有秩序"的钢铁市场。"中国钢铁"董事会在 2000 年批准"中国钢铁"购入烨隆企业 25% 的股份(未来可增至 30%),烨隆是中国台湾第二大钢铁厂,因整合不足而饱尝原料供应的困难。"中国钢铁"接管烨隆之后("中国钢铁"控制烨隆 3 席董事中的 2 席),可望降低资本成本并提高生产力。"中国钢铁"也直接从业主手中买下一家碳钢公司,趁机跨入这个钢铁业的新市场部门。多元化的脚步随着私有化而加快(当官方持有股份降到低于半数后,"中国钢铁"即成为所谓的"民营公司",此后"中国钢铁"不必再送预算给当局审查,虽然"经济部"仍持有"中国钢铁"40% 的股份,控制 11 席董事中的 6 席,而且"中国钢铁"的一切转投资案都必须经过"经济部"的核准)。总共加起来,"中国钢铁"已成立或购入 14 家与钢铁制造有关的子公司。

"中国钢铁"也有一些与本业无关的子公司,包括百分之百持股的中盈投资公司和中欣开发公司。后者成立的目的是协助当局在中国台湾南部的工业城市高雄建一座类似科学园区的多功能经贸园区。1994 年,"中国钢铁"与美商休斯电子材料公司(Memc)合资成立"中德电子材料公司",新公司专门生产硅晶圆。迄今"中国钢铁"最新、最大的投资案是与(德商)西门子公司联手承包高雄捷运系统。“中国钢铁”拥有这项合作计划35%的股份。

然而,“中国钢铁”最大的隐忧是它的核心事业与大陆的企业正面交锋。它计划与大陆最大的钢铁公司宝钢携手合作,在大陆兴建互补性的生产设施。[①]

上述五大集团的多元化模式虽各异其趣,但它们一致利用来自旧经济的经验与能力。也许大企业集团过去有良好的政商关系,但至少我们检验的集团个个管理有方。由于善用它们的核心能力和留存盈余,它们克服传统产业毛利下滑的问题,并且跨入服务业,有些是大举“入侵”服务业。

非有机性的多元化

不管采取哪一种多元化经营模式,各大集团从旧经济转入服务业的过程中,通常牵涉某种程度和某种形态的收购、转投资,或与另一个集团组成企业联盟。我们称这些扩张方法为“非有机性的”,因为集团不必靠自己的力量去重新创造一个新的子公司。

收购

台湾法规一般而言不利于合并与收购(简称购并),虽然法庭对于相关法律条文的诠释随着时代而改变(张令慧,1992)。大多数CEO都强调靠收购其他公司来进行多元化的困难,若想购买一家健全的公司尤其难上加难。根据不完整的资料,台湾在1986—2000年间的重大购并案,似乎大部分发生在电子业和电脑服务业(见表2.29)。不过,上述四五家大企业集团的扩张和多元化,仍然涉及在成长过程的某个阶段,进行某种形式的购并。

如前所述,润泰集团为了增加大润发的店数,买下了两家已存在的连锁商店。统一集团为了进入快餐业,买下了与肯德基竞争的二十一世纪生活。统一集团也曾买下王安电脑的台湾分公司,该公司后来宣告破产。长荣集团跨入航空业是靠购进三家台湾航空公司的股票:大华航空、台湾航空和立荣航空,这三家公司后来在1988年合并在立荣的旗帜下。“中国钢铁”不但收

① 较小集团的多元化模式很接近“中国钢铁”,譬如经营石化业的台湾聚合化学品公司。

购其他钢铁厂,也买下一家铝厂(在当局怂恿下)。第二章讨论的电子公司,有七家(台达电子、宏碁、英业达、英群、友讯、台积电和瑞昱)的扩张方式是买下外商的子公司,其中一些是在中国台湾营运的子公司。中国台湾电子业的“去全球化”(de-globalization)(外商在本地的重要性下跌),有一部分是本地厂商买下外商所致。

从统一收购王安这笔赔钱生意可知,购并在中国台湾绝非无往不利。但有些购并案显然有助于后起者的扩张和多元化。

转投资

中国台湾公司最流行的非有机性多元化途径是“转投资”,或买进其他公司的非控制性股份。[①] 先进工业化国家(地区)的大公司也许会、也许不会从事类似活动,不过转投资在中国台湾似乎比其他地方更盛行。

通过转投资的多元化模式在中国台湾蔚为风尚,与电子业的蓬勃发展有关。许多集团垂涎电子业的荣景,但不得其门而入,或因为一开始错失良机,或因为本身知识资产不足,无法从头成立一个电子公司。转投资正好弥补这个遗憾,使它们既可以分享电子业的利润(或亏损),又不必分担它的管理。当集团买下金融公司,特别是创投公司时,通过转投资的多元化模式更是如虎添翼,因为金融业提供的资讯,使它们可以一窥其他公司的获利能力,从而促成进一步的转投资。

我们可以从资讯的角度来分析转投资。当一个公司拥有的资讯不足以让它直接进入一个成长中的产业时,它会试图用转投资的方式去攫取该产业的高报酬。成功的转投资本身依赖资讯,如果资讯充足(通过取得产业或金融资料),则转投资活动通常也很频繁。

表4.10统计了我们访谈的公司的转投资家数。这些公司的平均转投资家数多得惊人,不论其核心产业是什么,或整体规模如何(转投资本身大小

① 计算长期投资的时候,如果一个母公司在子公司的持股,低于子公司有表决权的实缴股本的两成,或不能显著影响子公司的管理,则通常用成本会计法来计算。如果持股超过两成,或可以左右子公司的管理,则通常用权益会计法来计算。不管采用哪一种方法,除非将子公司的营业额和员工数整合计入母公司的总资产负债表,否则母公司的总营业额和员工总数难免被低估。

不一，持股比例显然也不同——表 4.10 仅区分持股 10% 以上和以下两者），不过，我们未必能以此推论其他台湾公司。高转投资率是专攻电子的企业集团（如宏碁、大同和东元）的特色。就资讯而言，所有这三个集团都对电子业的情形了如指掌，这使得它们很容易转投资业内新创业的公司，或股票刚上市的公司。笔记本电脑制造商（如英业达和广达）的转投资率很低，新成立的智捷科技毫无转投资可言。这大概与笔记本电脑公司在 2000 年以前忙着内部扩张，资金都用在上面有关。一个公司的转投资件数，似乎也跟它持股 10% 以上的转投资件数成正比：两者的简单相关系数估计为 0.95。[①] 以台湾的公司法规限制之严，难怪转投资会成为一个流行的多元化模式。

企业联盟

台湾后起者所生产的具有竞争力的高科技电子产品，在台湾进入市场之际已经成熟，同样，台湾后起者所提供的具有竞争力的高科技服务，在台湾开放市场之际也已经成熟。成熟的意思是，没有穿透不了的技术障碍，阻挡厂商进入。此外，就像“新兴”高科技电子业才在台湾崭露头角，便吸引无数厂商蜂拥而入一样，服务业才自由化，当局才放宽一些对入行的正式限制，便引来许多厂商进入市场。但是，进入某些高科技服务业所需的投资，通常高于进入大部分电子市场的投资（半导体业除外，在台湾最初只有公营企业从事这一行）。据估计，在 1996 年，申请一张全台湾移动电话服务业的营业执照需投资 2 亿美元以上（Chen，1997）。在 2001 年，四张第三代移动电话服务提供者的营业执照，估计价值不一（依假设前提而定），从 5 亿多美元到 22 亿美元不等（野村证券，2001）。投资门槛这么高，加上不止一家公司同时进入市场，使失败的风险增高，难怪高科技服务业如移动电话通信业、银行和高速铁路的新经营者个个涉及企业联盟。

表 4.11、表 4.12 及表 4.13 分别列出了移动电话电信业、银行和高铁的

---

① 我们从访谈中发现，企业集团和电子公司在转投资上的差别可能在于企业目标。对集团而言，大部分转投资仅需达到获利标准即可。对电子公司来说（譬如东元和光宝），转投资越来越必须符合“策略”标准。换言之，它们必须提高公司核心事业的长期获利能力（能够提供某种投入，比如技术或零件，或可以为产品线增色）。

表 4.11 移动电话服务业主要股东持股状况,1997 年

公司/股东	持股比例(%)	公司/股东	持股比例(%)	公司/股东	持股比例(%)	公司/股东	持股比例(%)	公司/股东	持股比例(%)
台湾大哥大		泛亚电信[1]		和信电讯		远传电信		东讯电信	
太平洋电线电缆	10.0	台亚投资	50.0	台湾水泥	20.0	远鼎投资	62.4	东元电机	38.0
电通投资	17.5	中保投资	15.0	“中国合成橡胶”	10.0	华开租赁	8.0	“中国钢铁”	20.0
富邦人寿	4.5	复翔投资	6.0	“中国人寿”	5.0	交通银行	4.0	丰群来来百货	20.0
富邦产物保险	0.9	金阳投资	9.0	中信投资	5.0	美国电报电话公司	12.0(F)	东讯	5.0
宏碁	10.0	美国西南贝尔	20.0(F)	东元电机	8.0	总资产指数	144	中盈投资开发	5.0
明碁	5.0	总资产指数	29	台扬科技	5.0			日商住友商事	12.0(F)
国巨	5.0			国泰人寿	5.0			总资产指数	29
长荣重工	5.0			加拿大贝尔公司[2]	10.0(F)				
大陆工程	7.5			总资产指数	54				
美国 GTE 通信	12.0(F)								
总资产指数	100								

注:(F) = 外商。总资产指数:台湾大哥大定为 100,其他公司则计算其总资产相对于台湾大哥大资产的比例。

1. 2001 年 5 月被台湾大哥大收购。

2. 2000 年 8 月退股。NTT DoCoMo 于 2000 年 11 月购入和信电讯 20% 的股份。

资料来源:根据 1997 年 12 月 31 日各公司资产负债表及公开说明书。

联盟伙伴。表上列出的股东，包括许多台湾最大的企业集团。例如，远传电信的最大股东是远鼎投资公司，远鼎是前述出身于纺织业并跨足零售业的远东集团的控股公司。大部分台湾前三十大集团都涉足至少一种高科技服务业（见表4.8）。

表4.12　15家新银行一览表[1]，1992年

银行名称	主要财团/家族	资本额（亿元）	其他参与企业（部分）
大安[2]	华新丽华	100	台聚、太平洋、勤益、永丰馀、声宝、义美
万泰	太子集团	120	幸泥、太子、中纤、建大、士纸
远东	远东集团	100	远纺、东联、亚泥、远百、三芳、华歌尔
大众	高雄陈家	105	和联、台塑集团、丰国
亚太[3]		100	台中中小企银、诚洲电子
中兴[4]	高雄王家	135	华荣集团、立益纺织
万通	台南帮	126	统益投资、环泥、南纺
玉山		100	台火、东钢、益华、光宝、国胜、新东阳
联邦	联邦集团	120	联邦集团、爱之味、天豪建设
华信	国民党	100	“中央投资”、建华、启圣、东帝士、宏国、润泰、厚生
宝岛	日盛集团	100	日盛、养乐多、年代、可果美
富邦[5]	富邦集团 长荣集团	100	富邦、长荣、嘉泥集团、时报
“中华”	力霸集团	100	力霸、嘉面
泛亚	长亿集团	100	长亿集团
台新	新光集团	100	新纤、新纺、味全、味王、东元、东钢

注：1. 这15家为1992年第一批成立的新银行。稍后1994年庆丰银行成立，由庆丰寰宇集团主导。1998年汇通银行成立，由霖园集团主导，后改名为国泰银行，加入国泰金控（台湾《经济日报》，2002/4/24）。

2. 大安银行已并入台新银行（台湾《联合报》，2002/2/18）。

3. 亚太银行加入复华金控并改名为复华银行（台湾《经济日报》，2002/12/2）。

4. 中兴银行因违法超贷，于2000年4月28日开始由“中央存保公司”监管（台湾《经济日报》，2000/6/13，2000/11/28）。

5. 富邦与花旗银行正式宣告策略联盟，花旗银行取得富邦15%的股权（台湾《工商时报》，2001/3/7）。

资料来源：高立南、金崇远、曾嬿卿、周新权与段水云，1991/10。

表 4.13　台湾高速铁路 BOT 案两大投标联盟,1999 年

	台湾高铁联盟	“中华高铁联盟”
主要参与者	大陆工程	“中华开发”
	长荣集团	荣工处
	富邦集团	广三集团
	太电集团	宏国集团
	东元集团	霖园集团
	(每家各占 16% 的持股比例)	东帝士集团
		“中国钢铁”
		华新丽华
		(每家各占 7.5% 的持股比例)
参与外商	法国阿尔斯通公司	日本国铁
	德国西门子公司	三菱重工业
	(1999 年改为日本新干线系统)	三井商社 熊谷组
拟用系统	原为欧洲高铁系统;现已改为日本新干线系统	日本新干线系统

资料来源:台湾《联合报》,1997/9/1,1997/9/25;张戌谊,1997;《高铁简讯》,2000/7/28,2000/12/3,2001/1/30。高速铁路工程局网页,http://www.hsr.gor.tw。

竞争加剧导致产能过剩。产能过剩继而创造出用购并手段来进行整合的推动力。以移动电话服务业为例,市场是在 1996 年那一年开放的,到了 2001 年,其中一家主要业者(台湾大哥大)已吞并另一家主要业者(泛亚电信)。预期远传也将买下东讯电信。[①] 因此,十年后再来看台湾在 2001 年的移动电话电信市场,恐怕只会看到两三个大财团,每一个财团都包括台湾最大的企业集团。“大”是存活的决定因素,从已被收购的泛亚和即将被收购的东讯是五家初期竞争者(见表 4.11)中最小的两家(以总资产来衡量)可以推知。不过,高集中度和大规模不等于无效率。台湾的移动电话服务业在初期阶段已陷入激烈竞争,和大部分电子业次产业的初期阶段一样。竞争似乎导致“产业升级和技术创新”随着整合与集中一起出现(Chen,1997,p.99)。

① 远传电信公布 2001 年第一季度的收益比上年同期增长了 180%。它的平均每名用户收益,估计比台湾大哥大高 23%(Culpan,2001)。

政府领导的网络:服务业

中国台湾的大企业集团组成财团去经营高科技服务业,或许可以看成是一种“网络”。它们的结合并不是基于匿名的市场力量,而是建立在牟取最大利益的行为兼人脉关系上。不过,它们与先进国家(地区)的网络至少有一个重要差别。中国台湾服务业的网络受当局领导的程度非比寻常,恰似电子业的网络受当局领导一样。

在中国台湾,电子业的网络接受“发展导向”国家(地区)的领导(国家或地区是科学与技术的推动者),高级服务业的网络接受“管制型”国家(地区)的领导。和先进经济体的管制型国家(地区)一样,中国台湾当局影响服务业的手段是制定与营业执照(进入市场)及价格相关的规定。不过中国台湾的管制型体制对于谁有资格进入市场的冲击,远超过大多数先进经济体的管制型国家(地区),尤其是美国。中国台湾当局对外商施行更严格的限制,尤其在服务业现代化的初期阶段。直到 2000 年,外商在中国台湾移动电话服务公司的持股比例仍不准超过 20%(见表 4.11)。外商银行虽可以经营某些类别的业务,但直到 1990 年,仍不准接受本地存款。[①] 参与中国台湾高铁建设的外国(地区)建筑公司,必须遵守其客户,即中国台湾当局的规定,与本地厂商组成合资企业或合作伙伴。外商不动产公司不准从事土地投机买卖,而且外国(地区)人普遍在土地所有权方面还受到其他限制(Lee,2001)。

后来在美国的压力下,加上中国台湾必须遵守 WTO 的规定才能加入,当局才选择性地解除一部分对外商投资服务业的限制。但是当局对外商在市场开放初期(至少头四五年)投资于服务业的限制,使中国台湾本地人控制的厂商可以趁机夺取后起者优势。

---

① 中国台湾当局为了加入 WTO 而松绑银行法规。它于 2001 年 6 月通过一条法规,准许本地和外部金融控股公司买下现存的本地银行。这条法规为公司开了方便之门,使它们可以绕过另一条法规的限制,该法规禁止任何机构持有一家银行 25% 以上的股份。

外商直接投资

外资厂商在电子业的地位衰退,反映出外商直接投资在中国台湾整个制造业渐趋没落的普遍趋势。1990 年,外商占中国台湾五百大制造公司的营业收入比例是 17.4%。1999 年,外商仅占 14.7%(见表 4.14)。相反,在同一时期,外商占服务业的比重不降反升。从 1990 年仅占 6.8% 开始,一路攀升到 1999 年的 16.6%(见表 4.14)。1999 年是外商占服务业比重最高的一年,那一年的比重超过 1992 年以后任何一年外商占制造业的比重。

表 4.14 制造业及非制造业五百大企业外资比重,1990—1999 年 单位:%

年份	制造业		非制造业	
	营业收入	员工	营业收入	员工
1990	17.4	17.8	6.8	12.1
1991	17.1	16.0	9.5	13.3
1992	15.5	14.4	10.2	14.9
1993	16.3	15.6	9.8	16.5
1994	15.5	15.9	9.8	14.4
1995	15.9	15.0	11.3	15.5
1996	15.0	14.4	14.3	18.9
1997	15.0	13.5	13.6	13.4
1998	15.3	12.8	15.0	13.8
1999	14.7	12.0	16.6	15.3

资料来源:“中华征信所”,2000 年。

从按产业分的核准外商直接投资,可以证明外商来中国台湾投资的偏好逐渐从制造业转向服务业(不过核准投资最后不一定会全部实现)。在 1952—1979 年这段时期,制造业平均吸引 3/4 的外资。随着服务需求的增加,以及服务业在 1986 年后开始自由化,外商投资投向制造业的比重也跌到大约 2/3。服务业吸引的外资比重,则从 1952—1979 年的大约 17%,上升到 1/3(见表 4.15)。外资转移焦点,想必与中国台湾服务市场的开放有关,也与外资在世界各地越来越偏重服务业的趋势吻合。

表 4.15　核准外资分业统计表,1952—1995 年　　单位:%

业别	1952—1979	1980	1985	1990	1995
制造业	75.5	93.3	77.0	62.8	67.5
服务业	17.3	5.1	22.2	35.0	30.6
国际贸易业	0.3	0.2	0.7	12.3	9.2
运输业	1.9	0.7	0.6	1.7	5.8
金融业	4.3	0.9	13.9	13.7	8.9
餐饮业和其他	10.7	3.3	7.0	7.3	6.7
合计	100.0	100.0	100.0	100.0	100.0

资料来源:“行政院经济部投审会”,历期 a。

在服务业中,外商占营业收入和受雇人数的比重依产业类别而定(见表 4.5 关于各种次产业占服务业的比重)。批发、零售和百货业掌握在中国台湾本地厂商或合资企业手中(见表 4.7)。相反,在十大广告公司中,外商占压倒性的多数,虽然广告业占服务业增值总额的比重还不到 1%(见表 4.16)。在证券业,外商公司几乎无立锥之地。在餐饮服务业,自 1990 年起,外资连锁快餐店年年稳居冠亚军(麦当劳和肯德基),但本地厂商已攻下其余前十名的位置(见表 4.17)。财产和灾害保险业几乎见不到任何外商,但外商在人寿保险业俨然有奋起直追之势(见表 4.18)。在资讯服务业,外商和中国台湾本地公司一直针锋相对,竞争前十名的宝座(见表 4.19)。

表 4.16　广告业前十大企业,1999 年

公司名称	所有权	排名
台湾电通	F	1
台湾智威汤逊广告	F	2
华威葛瑞广告	J	3
联广		4
奥美广告	F	5

（续表）

公司名称	所有权	排名
港商上奇	F	6
博阳传播系统	F	7
麦肯广告	F	8
博达华商广告	F	9
李奥贝纳	F	10

注：F＝中国台湾地区以外的合伙人持股比例超过50%的外资公司。J＝中国台湾地区以外的合伙人持股比例低于50%的合资企业。

资料来源："中华征信所"，2000年。

表4.17 餐饮业前十大企业，1988—1999年

公司名称	所有权	1988	1990	1996	1999
广达食品		1			
台湾桑德斯[1]	F	2	2	2	2
吉盛食品	F	3	3		
哈帝食品	F	4	4		
"国业"		5	5	3	10
台湾麦当劳	F		1	1	1
"中国力霸"				4	
华膳空厨					3
乔吉国际兴业					4
长荣空厨					5
家城					6
二十一世纪生活					7
丹堤咖啡食品					8
统一星巴克[2]	J				9

注：F＝中国台湾地区以外的合伙人持股比例超过50%的外资公司。J＝中国台湾地区以外的合伙人持股比例低于50%的合资企业。

1. 肯德基。

2. 与美国星巴克的合资企业。

资料来源："中华征信所"，1990年，2000年。

表 4.18　人寿保险业前十大企业,1975—1999 年

公司名称	所有权	1975	1980	1985	1990	1995	1999
国泰人寿		1	1	1	1	1	1
新光人寿		2	2	2	2	2	2
第一人寿		3	6	6			
南山人寿	F	4	3	4	4	3	3
华侨人寿(1970 年更名为“中国人寿”)		5					
国华人寿		6	4	3	3	4	4
台湾人寿			5				
“中国人寿”			7	5	5	6	6
美国安泰人寿	F				6	5	5
保德信人寿	F				7	8	9
三商美邦人寿						7	8
富邦人寿						9	7
美商大都会人寿	F					10	
远雄人寿							10

注:F = 中国台湾地区以外的合伙人持股比例超过 50% 的外资公司。

资料来源:“中华征信所”,1990 年,2000 年。

表 4.19　资讯服务业前十大企业,1985—1999 年

公司名称	所有权	1985	1990	1995	1999
宏碁		1	2	4	
大众电脑		2			
华光电脑		3			
凌群电脑		4	8	10	
经纬电脑服务		5			
华经资讯企业		6		8	
安讯资讯系统	F	7			
精业		8	6	7	7
震旦电脑		9	7		
大同中文电脑		10			
台湾 IBM	F		1	3	3

（续表）

公司名称	所有权	1985	1990	1995	1999
台湾恩益禧	F		3	2	4
台湾富士施乐	F		4	6	8
安源资讯			5		
唯明电脑科技			9		
佳能			10		
台湾富士通	F			1	5
联强国际				5	1
“中华电脑中心”				9	
台湾三星电子	F				2
“全国电子专卖店”					6
东森多媒体科技					9
维迪					10

注:F = 中国台湾地区以外的合伙人持股比例超过 50% 的外资公司。
资料来源:“中华征信所”,1990 年,2000 年。

故外商在服务业的重要性依产业而定。整体来看,在 20 世纪 90 年代,外商占中国台湾五百大服务业者的营业收入比重呈上升之势,恰如它们占中国台湾五百大制造业者的营业收入比重呈下滑之势(见表 4.14)。然而,以国际标准来看,中国台湾最引人注目的地方是,外商在每一个主要产业的比重相对而言都很小,不管是制造业还是服务业(或农业,就此而言)。尽管有来自美国的开放市场压力,尽管岛内有自由化的政治压力,尽管事实上 361 家最大的服务提供者占 1996 年服务业增值总额的 34%,外商占五百大服务公司的营业收入比重仍只有 17% 左右。

整合与集中

服务业自由化之后,由更多业者的加入造成产能过剩,企业集团的注意力也从多元化转移到整合,如移动电话服务业的例子所示。与此同时,一些较成熟的服务业开始显示(或继续显示)高集中度(最大厂商占产值的比例)。这种先经过一段激烈竞争时期(或仍在期间),然后迈向高度集中的趋势,与我们先前在电子业观察到的趋势如出一辙(见第二章)。

关于中国台湾服务业的集中度,仅有少数几个市场有资料可查,包括便利商店、量贩店、人寿保险和证券业,而且仅限于少数的几年。集中度很高或逐渐升高,似乎是20世纪90年代后期的常态。在便利商店和量贩店这两个次产业[①],四大公司的市场占有率高达75%左右(见表4.20及表4.21)。便利商店的四家厂商集中率,在短短两年内从66%跳到75%。这些比重未来仍可能改变,但一家连锁零售商一旦吸引顾客,而且达到一定的规模,便可享受在品牌知名度、地点和采购方面的经济效益。人寿保险业的集中度在1997—1999年间维持在65%左右,虽然有新来的美国业者加入战场(见表4.22)。在90年代末期,证券市场的集中度较保险市场为低(见表4.23),可能是因为证券市场较不受品牌知名度的影响,也较年轻之故,而且正在经历起伏不定的成长。此外,证券市场也较人寿保险业更可能出现合并,因为保险业者,不论是中国台湾本地还是之外的公司,多半历史悠久且规模庞大。

表4.20　四大便利商店市场占有率(占营业收入比重),1997—1999年　单位:%

便利商店	1997	1998	1999
统一超商*	36	39	42
全家便利商店	12	14	14
莱尔富便利商店	11	11	11
富群超商	8	4	8
其他	34	32	25
总计	100	100	100
CR(4)	66	68	75

注:CR(4)=前四大公司市场占有率。

* 统一集团的关系事业,统一拥有7-11的特许经销权。

资料来源:《财讯》,2000年。

① 根据统计,1999年零售业的营业收入组合如下:31%来自百货公司,24%来自量贩店,19%来自便利商店,14%来自超级市场,12%来自其他(《财讯》,2000)。

表 4.21 四大量贩店市场占有率(占营业收入比重),1998 年及 1999 年

单位:%

量贩店	1998	1999
家乐福[1]	30	31
大润发[2]	13	19
万客隆[3]	18	14
远百爱买[4]	19	9
其他	29	27
总计	100	100
CR(4)	71	73

注:CR(4) = 四大公司市场占有率。

1. 家乐福是统一与法商家乐福的合资企业。

2. 大润发是润泰集团的关系企业,不过润泰已于 2000 年年底将大润发 67% 的股权卖给法国的欧尚(台湾《经济日报》,2000/12/23)。

3. 万客隆是一家荷兰量贩店与丰群集团的合资企业,2003 年年初决定结束营业(台湾《联合报》,2003/2/13)。

4. 远百爱买是远东集团的子公司,于 2000 年年初与法国吉安量贩店合并,改名为爱买吉安(台湾《经济日报》,2000/9/1)。

资料来源:《财讯》,2000 年。

表 4.22 四大人寿保险公司市场占有率(占新契约比重),1997—1999 年

单位:%

保险公司	1997	1998	1999
国泰人寿	29	29	23
南山人寿 *	16	16	18
新光人寿	16	14	14
安泰人寿 *	6	7	10
其他	33	34	35
总计	100	100	100
CR(4)	67	65	65

注:CR(4) = 四大公司市场占有率。 * 外商公司。

资料来源:《财讯》,2000 年。

表 4.23 六大证券公司市场占有率(占新契约比重),1997—1999 年 单位:%

证券公司	1994	1995	1996	1997	1998	1999
元大证券	4.0	5.2	5.5	6.3	5.9	5.6
日盛证券	4.3	4.4	4.3	4.6	4.3	4.1
京华证券	1.8	1.8	2.1	2.7	3.6	3.5
群益证券	2.2	2.7	3.2	3.5	3.4	3.3
元富证券	1.5	1.6	1.9	2.5	2.9	3.2
统一综合证券	3.3	3.7	3.7	3.9	3.0	3.0
其他	82.9	80.7	79.3	76.6	76.9	77.3
总计	100.0	100.0	100.0	100.0	100.0	100.0
CR(6)	17.1	19.3	20.7	23.4	23.1	22.7

注:CR(6) = 六大公司市场占有率。
资料来源:《财讯》,2000 年。

结论

后进者的服务业升级,与后进者的高科技制造业升级有许多相似之处,虽然两者在有些方面同中有异。

在这两个例子里,新市场的开放是刺激升级的因素。第一个投资于大规模设施、现代化管理、技术能力和分销渠道(仅适用于服务业)的厂商,坐享后起者优势。在这两个例子里,以往的经验非常重要。零售、金融、保险、运输(航空公司和高速铁路)及移动电话服务业的主要经营者,个个是在旧经济中摸爬滚打多年的企业集团。它们运用积聚的资本和计划执行技能去成立新的服务子公司,并增加它们整体在 GNP 中的分量。因此,企业集团这种具有争议性的企业形态,已证明至少在新服务经济的初期阶段切实可行。在制造业和服务业,一旦进入者增多,需求变得饱和,整合与集中度上升的过程随即展开。在 2000 年,服务业刚开始出现这个现象。

网络对两者同样重要,但电子业的网络专注于供应零配件给组装厂,服务业的网络则着重于最大集团共同出资联手经营。两种网络都是政府领导的，虽然政府干预的性质不同。在电子业，发展导向型国家（地区）促进进口替代、科学与技术。在服务业，管制型国家（地区）限制外商在服务业自由化的初期阶段进入市场。

最大的差别在于外商投资模式。在电子业，来自先进经济体的外商直接投资起初占总产值的比重很高，然后锐减；服务业却普遍呈现相反的模式，部分原因是市场开放较晚。外国（地区）服务提供者的比重上升，亦反映出它们的全球品牌的竞争实力。为了达到与外国（地区）服务提供者等量齐观的商誉，中国台湾的本地服务提供者将希望寄托于在庞大的中国大陆市场的扩张。

第五章 产业升级政策

我们研究的结果显示，标准的厂商理论必须修正，才能解释后进经济体的产业升级。除非经过修正，否则很难理解过去政府政策究竟如何促进后进经济体的高科技产业，或未来需采取哪些政策方向，才能推动产业进一步升级。有一派“网络”理论断言，后进者的产业升级将由成千上万专业化的小厂商领导，它们在同文同种的企业家主持下，通过共同开发新技术，并结合经济体外的网络，去创造最先进的技术。但这种理论不切实际，因为连后进经济体最“网络化”的产业，即电子业，大部分的内部交易仍属保持适当距离的性质。“新”商业科技通常是政府所属的研究机构开发出来的，而且产值中有很大一块是由大厂商（营业额达几亿或几十亿美元）而非小厂商创造的。至于现有理论中假定产业升级将由大企业领导，利用其研发部门的智能财产、闻名全球的品牌商誉、遍布世界的分销渠道，如“先行者”理论的主张，则同样昧于现实。大部分后进者的高科技产业有一个特点，它们仅生产成熟产品，而且无力在经济体外市场上建立品牌知名度。新自由派的主流理论却认为，经济体外的投资者和市场力量才是领导后进经济体经济发展的英雄。但此派理论忽略了一个事实，在成长最快的后进经济体，高科技产业通常掌握在本地人经营的厂商手中，况且政府仍大力扶植本地企业和“新兴”高科技市场部门。

事实上，在电子业和现代服务业，中国台湾地区的经验强烈暗示，后进者会随着产业升级而越来越像先进经济体，因为它们的本地企业规模变大，范围更全球化，市场也变得更集中。基于这些相似之处，“先行者优势”可能是各门各派描述后进者如何急起直追的理论架构中，最中肯的一个。然则，中国台湾地区的经验亦指出，有两个因素是建构产业升级理论所不可或缺的：一是后进者的技术落后于世界技术尖端，二是后进者生产的“高科技”产品已经成熟且利润率不断下滑。以这两个因素为起点，才能开始理解为什么过去后进者的制度与政策不同于先进经济体，而且未来仍将继续如此。

因此，在结论这一章，我们把注意力放在产业政策上。首先，我们简短地回顾先行者与后起者之间，以及它们各自的网络之间的主要差异。然后，我们概要叙述中国台湾地区的政策如何偏离先进经济体的标准，以及为什么它未来可能需要改弦更张，采取新的偏离常规的政策。最后，我们探讨我们的升级理论对于中国台湾地区以外其他后进经济体的普遍适用性。

站不住脚的假设

先行者与后起者利用同样的一般性优势——两者皆是在各自的领域内，第一个投资于最适化规模的工厂、专业经理人和技术资源。两者皆因此取得规模经济。经过一番激烈竞争，规模经济发挥的力量，使产业领先者的地位日益巩固，加速了产业层次的集中化。但是，我们认为，先行者与后起者之间仍存在重大差异，足以证明中国台湾的高科技政策看似异常，实则合理。

其一，先行者和后起者的竞争力乃奠定在不同的基础上，即使是在同一个产业。先行者利用自己独有的、最先进的知识资产，去赚取技术利得(technological rents)。凭着这些利得,它可以一再投资于新产品开发和全球营销,从而延续先行者优势至下一个产品周期(Chandler Jr. and Hikino, 1997)。反之,后起者缺乏世界尖端知识,必须靠生产成熟产品来赚取蝇头小利,甚至连高科技产业也是如此。后起者的竞争基础是,它的工程师工资较低(但逐渐升高),而且积累了计划执行、生产工程和细部设计的技能。凭着这些技能,后起者可以迅速扩充产能,以便利用规模经济去追逐最热门产品的全球需求,但这些需求取决于外在因素,操纵在先行者手中。

鉴于上述差异,有些理论假设在同一个产业内全球厂商的技术和生产力完全相同(例如赫克歇尔-俄林自由贸易模型),从这类理论引申出来的政策就未必有效了。知识不完全,使得后起者不可能采取自由放任式、达到帕累托最优(Pareto optimal)的解决方案,在降低实质工资或设法取得先行者的厂商特定的专利知识这两个办法中间,选择一个来增强自己的竞争力。没有一个最完美的办法。

其二,两者的领先企业结构不同。先行者的多元化经营通常不超出本身研发能力所广义界定的市场范围。后起者却因为产品开发能力有限,倾向于将经营范围延伸至全球需求所在的任何产业。因此,在电子业内,后起者很可能较先行者更多元化。在电子业之外,后起者的多元化模式很可能完全与技术无关,譬如中国台湾的传统企业集团已成为先进服务业的领导者。

鉴于上述差异,有些理论假设专业化会产生最理想的厂商结构和公司治理体系,从这类理论引申出来的政策就未必适合后进者了。

其三,两者的知识来源不同。先行者的民间研发包括基础研究,或至少包括应用研究,反观后进经济体的研发则仍然与生产和细部设计息息相关。这表示后起者必须趁"新"的成熟产品仍炙手可热之际,向海外"取得"高科技投入,造成这类投入供不应求(例如奔腾芯片)。世界各国和地区的政府无不提倡科学与技术,但处于产业升级阶段的后进经济体如中国台湾,当局却致力于培育新创业公司,并推动高科技零配件的进口替代,以突破技术瓶颈并创造本地的高薪工作,同时承担长期研发的风险,以促成前途看好的尖端科技商品化。相较于民间研发，后进者的政府研发起初更接近于应用研究和基础研究那一端。

鉴于上述先行者和后起者在民间研发、热门投入短缺上的差异，有些理论主张政府对科技的干预应限于一般技术养成，对后进者就未必有效了。

其四，两者的营销活动多半不同。如果一个后进者的厂商销往世界市场的产品，是替外国（地区）厂商代工生产的，因为它缺乏自己专有的产品设计，那么即使它投资于自有品牌的营销，也会限于次要产品。先行者的“三管齐下”投资——投资于制造、管理和营销[1]，到了后起者那里就少了营销，变成双管齐下。在缺乏知识资产的情况下，很容易对外国（地区）品牌和销售产生依赖，因为知识资产是创造尖端产品的必要条件，而唯有尖端产品才能赢得全世界消费者的忠诚和品牌知名度。可是，积累知识资产谈何容易，要受到后进者所能渗透的“市场种类的限制”。

鉴于这个循环（因缺乏创新产品，而限制后进者所能渗透的全球市场种类，有限的全球需求，又限制了一个后进者的厂商能够花多少钱在新产品开发上），那些假设产品同质的理论，自然就对后进者无效了。

其五，两者的全球化模式很可能不同。起初，后进者的对外直接投资大部分流入生产成本较低的地方（较贫穷的国家或地区），反之，先进经济体的对外直接投资大部分流入新产品需求最旺的地方（较富裕的国家或地区）。当时机成熟时，先进经济体可能通过外包代工的方式去利用其他国家或地区较低的工资，后进者则是靠直接投资设厂去利用其他国家或地区较低的工资。如果两者的本地企业占总产值的比例不同，那么两者的流入与流出外资比率——FDI_I/FDI_O——也会不同。本地企业占总产值的比重越高，而且产业的流入与流出外资比率越低，则利用规模经济并降低生产、开发和销售平均单位成本的机会也越大。

鉴于后进者的本地企业可以从对外直接投资取得更大的规模经济，也鉴

① 请阅 Chandler Jr.（1990）。

于这些厂商亟于利用成熟、高科技优势的创业精神，那些对外资企业和本地企业一视同仁的理论，对后进者就未必有效了。

中立的网络

就像先行者和后起者的情形一样，出现在先进工业经济体和后进工业经济体工程性产业的网络，也存在重大差异。最显著的差异在于：交易的单位价值；交易采取代工形式并基于"信任"的程度（中国台湾的电子网络内部几乎没有任何代工）；以及"新"产业和"新"技术是否不假外力自己逐步形成，抑或系统化的政府干预与计划所致。

从这些差异来看，后进者的网络并不特别灵活，或特别迅速适应新的市场形势。但事实上在后进者的环境中运作，速度是必要条件。与后进者有关的产品周期特别短，因为它所生产的高科技产品已经成熟，所以迅速提升产能及降低学习曲线，对后进者来说尤其急迫。

中国台湾地区的信息技术（IT）产业有高密度的网络，几乎可以供应组装厂所需的一切被动组件。这事实上有助于组装厂的弹性，对于降低它们的搜寻和交易成本也极其重要。不过这些组件的单位价值通常很低。中国台湾地区和处于世界技术尖端的国家（地区）不同，它的高科技组件必须进口。理论上，进口主动组件可以加快速度。组装厂不必为了扩充产能而内化这些组件的生产。相反，它可以依赖进口。实际上，以笔记本电脑和移动电话组装业为例，许多必须进口的主动组件，都是在寡头垄断的市场条件下由海外供应的。当需求旺盛时，只有世界最大的买主才买得到这类组件。或者，就算买得到，价格也是任凭独占市场的卖方垄断。这些供应条件延长了中国台湾产品的上市时间，或增加了其单位成本。若要克服这些不利条件，一则组装厂必须扩大规模，令外国（地区）供应商不得不正视它们（或本来就必须靠规模来赢得外国或地区厂商的代工订单），要不然这些经常缺货的主动组件就必须在本地生产了。

渐渐地,这两个现象都在中国台湾出现了。组装厂和主要零件制造商都变得比以前大多了,一扫中国台湾产业由小厂商组成的刻板印象,唯一例外的是非电子机械业,该产业占 GNP 的比重的增长已停滞。IT 厂商规模扩大后,接着就开始进口替代主要组件,如 TFT-LCDs。

谈到厂商规模,没有几家来自任何后进工业经济体的制造公司,规模大到能登上《财富》(*Fortune*)全球五百强大企业排行榜。中国台湾最显赫的企业,仍不能在规模及范围上和韩国的大企业相提并论(不过若从个别相关产业来看,两者的规模差距大为缩小)。但是,中国台湾本地人所有的产业龙头,在发展中世界仍名列前茅(Amsden,2001)。中国台湾前一百大企业集团,很多出自电子业,在 1986 年市场开始加速自由化之时,仅占 GNP 的 29%,才十年多一点的功夫已成长到占 56%。员工 100 人或以下的小厂商,目前仅占电子业产值(附加价值)的两成。在市场集中度方面,电子业的附加价值有六成是员工至少 500 人的大厂商创造的,这些厂商的总数才 160 家而已(500 人是主计处衡量厂商规模的最大值)。带动中国台湾 20 世纪 90 年代经济繁荣的 IT 产业,个别部门的新厂商净加入率已下跌,产业集中度已升高。举例来说,在 1999 年,笔记本电脑的五家厂商集中率是 72%,台式电脑的五家厂商集中率是 62%。视效卡的四家厂商集中率是 96%,鼠标的四家厂商集中率是 62.4%。

中国台湾地区的小厂商网络不曾独立自主地通过"共创"技术,去替代进口的高科技组件,因为它们距离世界技术尖端太远,根本做不到这一点。这个角色有时落在与当局研发实验室合作的大型民营厂商身上(如 CD-ROM 的例子),有时由单独运作的当局研发实验室一肩挑起。以半导体产业为例,中国台湾第一家晶圆制造厂是当局应海归学人(美籍华人)的要求,从自己的一个研究机构衍生出来的,这些人返台成立集成电路设计公司,希望本地有一家专做晶圆代工的工厂,能向他们提供比地区外整合式芯片制造商更快更好的服务。光罩制作业和晶圆代工业的情形一样,也是当局一手创立的。当局将自己的一个研究计划衍生为一家民营光罩公司,据估计本地拥有光罩制作能力,至少替整个集成电路生产周期节省了20天。尽管海归学人对中国台湾的管理专业化和技术普及化有不可抹杀的贡献,但是与集成电路设计业有关的人力资源,与整个电子业一样,主要还是本地训练的人才,这些人很多出身于当局机构或培训计划。所以,可以这样说,中国台湾地区的网络是当局领导的。

新发展导向经济体:高科技产业

根据我们试图建构的产业升级理论,高科技产品的成熟度与利润率下滑,驱使后起者去攫取规模经济,并且为了生存而投资于必要的技能和组织架构。后起者的竞争力取决于迅速进入新市场部门的能力,以高水平的工程品质从事制造的能力,用最佳的一体化设计(在IT业)抢先推出市场的能力。基于这些技能及组织架构的特殊性,加上后起者为此付出的机会成本低于先行者(先行者的活动和组织架构以开发及营销真正新奇的产品为主),本地人经营的企业,结合政府所属的研究机构,便成为高科技产业追随经济体中的先驱者。

追随者的地位,使后进经济体的高科技产业很容易受到处于世界技术尖端的新产品开发活动的影响。当产品不断推陈出新时,追随者的高科技产业欣欣向荣,股价节节升高,生产工人、专业工程师和经理人的实质收入,包括股票分红在内,也跟着水涨船高。一旦全球景气衰退,导致处于世界技术尖端的新产品开发活动停滞不前,追随者的高科技活动便会受到两股互相矛盾的力量的牵制。一方面,先行者可能为了降低成本而将更多生产工作交由海外代工。另一方面,它们的代工订单总量和新创造的热门市场可能缩小。万一后起者的收入下跌,虽可能鼓励它们进行购并,但不利于它们投入资金于更先进的研发,以创造真正的新产品。整体失业率大幅攀升是可预期的后果,中国台湾在2001年已开始出现这个现象了。然而,除非后进经济体持续对更先进的研发做出长期投资,否则一旦全球景气恢复,即冒着被工资比它还低的经济体追上的风险。

一旦本地后起者完成前几章分析的升级行动,一旦高科技产业的景气循环由盛转衰,产业政策的汰旧换新即成为政府亟待处理的议题。这正是中国台湾当局在2001年的处境。作为高科技产业的"新发展导向经济体",它需要考虑三组政策:一组与竞争有关,一组与研发有关,一组与就业有关。作为新近自由化服务业的"管制型经济体",它必须考虑另一组政策。以下我们分别讨论这两套政策及两个产业。

竞争政策

在竞争方面,我们认为中国台湾当局应尽一切可能促成和允许高科技产业如电子业的后起者去增强市场力量。购并和对外直接投资应合法化并予以协助,这样做应不至于引起多少对竞争的疑虑。这是因为中国台湾的电子业已经在一个高度竞争的全球环境中运作,不论从外资还是外贸来看都是如此。因购并和对外直接投资而获得规模经济上的利益,很可能非常庞大,至于因竞争降低和价格升高而造成的损失,则可能微不足道。

竞争的品质不但取决于市场结构,也依赖专业管理。在大部分中国台湾产业(包括电子业),许多大厂商迟早得面对"接班"问题,也就是第一代业主兼最高层管理者一旦退休,谁来继任的问题。接班问题部分由股权决定。因此,一个公司公开交易的股份越多,它选择最高层管理者的标准越可能基于个人能力,而非家世背景。所以支持股权公众化、管理控制权循序渐进的扩散化,以及财务透明化,是当局政策应考虑的方向。[①]

① 关于公司层次的财务政策,有一份分析可供当局参考,请阅 Lessard(in press)。该分析出自麻省理工学院(Massachusetts Institute of Technology)针对中国台湾地区的全球化所做的研究。

研发政策

除了少数特别杰出的公司(譬如韩国的三星电子)之外,后进经济体的后起者通常仍只“发”(设计与开发)不“研”(研究)。[①] 面对工资更低的经济体急于取而代之,成为“原始设备制造商”或“原始设计制造商”的威胁,后起者较以往更迫切需要从事研究。因此我们认为,中国台湾当局不应仅仅延续过去的研发政策(譬如,促进高科技零配件的进口替代,取得尖端技术以供本地厂商进行商品化,传授技术给私人部门,等等)。它也应该加强本身的应用和基础研发,并提供更多奖励办法,以鼓励民间厂商投资于它们自己的应用研究。

政府奖励民间进行应用研究,其政策措施的效果如何,其实还得看厂商的品牌营销进度。一个公司除非有创新的产品,否则很难在“大众”市场上打响自己的品牌(“大众”的程度取决于创新),而且除非从事“大众”营销,否则应用研究的单位成本会高得令人却步。在过去,对中国台湾电子厂商而言,在欧美市场促销自己的品牌,不单缺乏比较利益,并且可能会因为与自己的顾客直接竞争,而有失去订单的风险。台湾企业解决这个进退两难问题的办法应是,在广阔的大陆市场上建立品牌知名度。台湾企业在大陆有显而易见的竞争优势:共同的语言与文化。如果台湾厂商能够先在大陆建立声誉,然后以大陆为跳板,迈向全球品牌营销,则取消对大陆投资的管制,可望产生巨大的经济报酬。大陆市场可能是台湾厂商自建品牌提升及研发层次提升的唯一机会。同时,除了两岸政策之外,鼓励厂商加强并提升“应用研究”层次的政策,应与鼓励厂商改变策略进行“品牌营销”的政策相互配合。

---

① 关于新加坡电子业外商公司的低研发水平,以及政府为促进更先进的研究而采取的措施,请阅Amsden and Tschang(2003)。

就业政策

在过去,分享成长的果实是台湾经济的一根重要支柱。实质工资上涨和所得平均分配,是台湾的选择性产业政策可以倾斜于高科技厂商的民意基础(Amsden,2001)。高科技厂商本身,则用员工分红配股的办法来笼络员工。当局按这些股票的票面价值,而非市场价值来课税,在股价飙涨的情形下,不啻是当局对公司的变相津贴。

不过,中层工人、经理人和工程师的结构性失业问题已随着产业升级悄然而至,隐然形成一个社会问题(大部分低层工作已随着对外直接投资移往海外)。台湾的每一个产业,除了制造业,均呈现就业增长率逐渐下降的趋势。服务业的所有主要分支都出现这个现象,虽然在2000年左右,扩张最快的领域(金融及工商服务)仍有很高的就业增长率(见表5.1)。就业增长率下滑的趋势,可能是新工业和现代服务业的资本密集度、技术密集度双双升高的结果,如我们先前在电子业观察到的现象。

表5.1 历年各行业员工人数平均年增长率,1981—2000年 单位:%

行业	1981—1986	1986—1990	1991—1995	1996—2000
农业	0.3	-3.8	-2.1	-5.0
工业	2.1	1.9	0.7	0.2
制造业	3.1	1.3	-1.6	1.7
矿业	-8.9	-10.5	-5.3	-6.0
水电燃气业	4.8	1.2	0.0	0.0
建筑业	-1.1	5.5	8.4	-3.6
服务业	4.1	4.7	3.6	2.6
批发零售业	4.6	4.1	3.4	2.4
通信业	3.0	2.8	1.3	0.5
金融业	6.8	12.9	7.2	5.8
工商服务	4.3	13.2	8.8	7.1

（续表）

行业	1981—1986	1986—1990	1991—1995	1996—2000
社会服务	3.8	5.1	4.2	2.6
公共行政	3.2	2.3	0.6	-0.1
总计	2.6	2.2	1.8	1.0

资料来源："行政院主计处"，历年 a。

由于产业升级的本质使然，可以预期中层员工的结构性失业问题还会进一步恶化。在电子业，升级造成产值集中于规模较大的厂商。大企业通常比小企业的资本密集度更高（以固定资产来衡量）。我们访谈的电子公司，产值通常有两位数的增长率，但员工人数有时只有个位数的增长率，有时毫无增长（见表 2.8 及表 2.9）。在服务业，从各种规模的厂商占服务产值的比例并未显示任何结构性的变化来看，厂商规模维持长期不变。反之，从服务业各大集团的平均子公司数增加，但子公司的平均规模并未增加来看，企业集团占服务业的比重确实是提高了。不过，由于多元化逐渐被企业合并取代，新子公司成立的速度多半会放缓。1973—1998 年间，台湾百大企业集团的实质营业收入平均年增长率是 11%（以 1996 年的币值为常数来计算），但员工人数平均年增长率仅 5%，还不到营业收入增长率的一半（见表 4.1）。即使在全球经济开始衰退的 2001 年 9 月以前，台湾的失业率已经在不到一年时间内从 3% 攀升到 5%。

要抵消就业增长率下滑的趋势，就必须带动"新"的产业继起接棒。鉴往知来，要做到这一点，需要靠更多的研发：如前所述，在 20 世纪 80、90 年代，新产业的崛起与研发支出的增加（包括民间和官方），似乎有密不可分的关系。制造业的就业增长率在 1996—2000 年间突然窜高，可以归因于电子业进入另一波"新"的产品周期，在那段时期，笔记本电脑制造业蓬勃发展，移动电话制造业也准备就绪，开始起步了。

鉴于过去当局在振兴科技上扮演的关键角色，我们有理由相信，未来带动新产业继起接棒，以维持就业增长居高不下，也必须依赖这个角色的延续。不过，当局可能有必要考虑更具体的就业稳定化政策，譬如针对工人培训的租税减免办法。工人受的训练越多,雇主遣散或开除他们的成本就越高。

管制型经济体

中国台湾当局的整个产业政策工具,是为了扶植本地企业而设立的,包括民营和公营事业,包括工业和服务业。来自外国(地区)投资者的竞争,被设计成必须带来技术转移和“外溢”,以达到强化本地企业的目的。本地企业的崛起得力于第二次世界大战后的去殖民化,扫除了日本制造公司及服务公司的障碍,主要银行也收归公有。

中国台湾当局对本地企业的偏袒,号称已随着1986年市场自由化的揭幕成为历史。自由化的措施很多,包括私有化及开放市场给新来者。实际上,在主要服务业,如银行和电信业,私营的本地业者获得比外国(地区)业者抢先一步起跑的机会,不论这一优势如何短暂。这个措施使挟着雄厚资本和计划执行技能,占据最佳位置的大企业集团,可以趁机扩张至新的服务部门。

我们认为,基于过去的表现,当局偏袒本地企业的做法有其正当性。最富创业精神的厂商一向是本地人经营的厂商。它们身先士卒跨入新的产业,率先建立必要的技能,以便能从制造成熟的、高科技产品中获利。在电子业的大部分部门,外资厂商通常落在后起者之后,而非领先在前。大多数我们访谈过的出身于传统产业的企业集团,在踏入现代服务业的多元化经营上,均表现得精明干练。

不过,当局针对服务业的促进政策,必须与针对高科技产业如电子业的政策有所不同。规模经济对两者同样重要。但大部分服务市场天生具有寡头垄断的性质,与大部分制造市场相比,较不易随时受到外国(地区)竞争的牵制。所以当局政策也比较难以在鼓励竞争和攫取规模经济之间取得平衡。此外,如果全球化趋势继续增强的话,可能会有更多新的外国(地区)竞争出现在服务业，而非制造业，因为服务业的自由化是更近期的事情。因此当局政策面对的挑战是，如何在跨国公司的正面贡献（技术转移）与负面效应（“排挤”有抱负、有创业精神且刚开始投资于全球化的本地企业）之间，找到一个折中方案。

允许有限度的外国（地区）参与来帮助维持市场竞争，并提升科技和管理技能，应该是当局在服务业的政策目标。当局政策也应该受到仔细监督和经常评估，以确保竞争与规模经济这两个目标保持平衡。

后进经济体模型的普遍适用性

产业升级引起的一个大问题是：我们建构的模型可否归纳成一般原则？普遍适用性（generalizability）的议题涉及中国台湾以外的其他后进国家或地区，电子业以外的其他高科技产业（我们在讨论对其他国家或地区的普遍适用性时，将服务业一并考虑在内），20世纪末以外的其他时期。以下简短讨论这三个方面。

对其他后进经济体

对其他后进经济体的问题是，需要培养什么样的制度，才能发展高科技产业？

我们对中国台湾高科技产业的分析，从一开始就抱着一个观点：当一个后进者开始生产某个高科技产品时，该产品已经“成熟”，利润率正急速跌得薄如片纸。只有规模够大、有能力达到巨大产量的厂商，才有可能从生产这种产品中获利。

理论上，该厂商可以是公有事业，也可以是私有的本地公司，或跨国公司。在中国台湾，当局刻意让从自己研发实验室衍生出来的机构保持民营公司的形态，以确保管理上的弹性，尽管当局在幕后仍持有控制性股权。但当局的职责主要是培育本地人自营的高科技公司。这些企业已证明远比早期进入中国台湾电子业的外国(地区)跨国公司更富创业精神。

因此，对于其他后进经济体，我们假设发展导向经济体的培育角色越重，私有的本地后起者扮演的角色越重，则高科技产业会成长得越快。

当局也在服务业扮演要角，但不是自己经营生产事业，而是通过管制市场的手段，来达到扶植本地厂商的目的。许多服务业现在正卷入各方角逐的争霸战，最后鹿死谁手，是本地企业还是外资厂商，目前形势仍不明朗。但中国台湾经验明白地显示，在本地厂商中，多元化经营的企业集团已证明有能力对抗外部竞争者。这种企业形态是在服务业获得成功的主要本地厂商类型。

因此，对于其他后进经济体，我们假设外商直接投资流入的速度越受到控制，管制型经济体培育本地公司的工作做得越多，本地公司形成多元化企业集团的机会也越大，则现代服务业会成长得越快。

对其他时期

许多本地后起者崛起于20世纪90年代的“新兴”成熟高科技产业，可以说是拜先进经济体之先行者的决策所赐，若非先行者决定采用国际代工，而不是对外直接投资的方式来降低制造成本，它们也许不会存在。这个决定使后进经济体较容易发展出本地企业。然而，国际代工的决策，可以想象或许只是一时的风尚。在先进经济体，垂直整合之崩解与外包代工之兴起，与管理学说宣扬这种做法，视之为优良管理措施有关。但是，当一个公司的领导中心失去太多的控制权时，钟摆也很可能摆回另一边，所谓优良管理措施又恢复到中央集权，包括高层收紧财务控制，并且偏爱海外直接投资。如果是这样，则对外直接投资即可能取代外包代工。影响所及，后进经济体的本地后起者将在自己家乡的市场上与外部投资者正面交锋。这种情况下的产业升级，性质上可能与我们方才描述的升级大相径庭。

不过，从20世纪80年代起或更早，国际代工可以说是由后进经济体，而非先进经济体的发展带动起来的。一旦后进经济体出现工资较低、计划执行和生产技术较高的本地厂商，国际代工便成为先行者除了在海外投资设厂外，另一个切实可行的选择方案。从这个角度来看，只要后进经济体维持较低的工资和必要的技能，国际代工可望压倒外商直接投资，成为先进经济体在高科技产业的全球化模式。代工固然需付出大量监督成本，但先行者可避免在海外砸下巨资，对厂房设施和人力资源做出大量固定投资。

对其他产业

后进经济体在20世纪90年代的制造业升级，根植于一个特殊的产业，即电子业，广义地包括软件和硬件、通信，以及半导体、电器用品和资讯处理设备。因此产业升级与世界尖端的电子革命不谋而合。

可以这么说，如果没有类似的革命，后进经济体的成长可能要缓慢得多，因为较少的"新兴"成熟高科技产品可供它们切入。就算有一个产业如电子业一般崛起，成为成长的引擎，它所需要的文化，也可能不是后进经济体轻易培养得出来的。此外，高科技产业很容易受到景气大起大落的影响，因为热门产品的需求巅峰与更新产品的问世，时间上可能有落差。到了2001年，中国台湾经济在战后第一次经历严重的紧缩，原因是全球电子需求下滑和世界主要经济体步入衰退期。

事实上，后进经济体下一波产业升级的时机已经成熟，有一组产业，包括一些创新的次级产业在内，如化学、制药和生物科技，刚开始展现一些类似我们已经在电子业观察到的升级特征。与电子业的主要差异是，这些产业缺乏"网络"，或围绕着一个中心成长极的零配件供应商群落。除此之外，它们与电子业有惊人的相似之处。

目前合并之风正横扫中国台湾的化学工业，包括石化业，规模堪比美电子业的合并风。中国台湾有相当多仅生产单一产品的化学厂,因为早期当局的管制较偏重市场专业化,造就了许多各有所长的中型企业,如今这些企业已开始互相合并,形成更大规模的公司和更高的市场集中度。[1] 这些厂商也开始在研发上做出更多投资,并且为了获得规模、扩大顾客基础,也为了规避本地环保法规,而开始全球化。

在后进经济体中,制药业最进步的是印度,目前该产业正在进行升级,有很多地方与电子业的升级很相似,甚至比化学业还像电子业的升级。制药业的竞争力在于大批受过专业技术训练、在“新兴”成熟高科技产业内运作的专业人员,就这一点而言,药剂制造和电子工程的文化差不多。唯一的差别是,除了(化学)工程之外,制药业的研究人员受的训练是自然科学和医学,电子业则不是这样。印度制药业的后起者通常是本国企业。经过一段激烈竞争时期,市场集中度已升高。政府在促进产业成长上扮演重要角色,如同它通常在电子业上的作为。它以制造廉价药品可以造福穷人为名,大力提倡进口替代,并且长期保护本国企业,使它们在全球加强执行专利权法规的情况下还有生存空间。政府为民间研发提供大量津贴,也鼓励小型新创业公司(Mourshed,1999)。

至于生物科技,不论在先进还是后进经济体,成功仍言之过早。因此,迄今为止尚无“新兴”成熟产品,可供后进经济体去开发利用。不过,中国台湾已拟定了一个促进生物科技的制度架构,与电子业的架构相去不远。过去以农业研究为主的学术单位,现在正在转入生物科技。与生物科技有关的当局研究机构(“中央研究院”和工业技术研究院),已获得大量当局补助。[2] 科学

① 例如中国台湾百大集团之一,但挤不进三十大集团的中国台湾聚合化学品公司,其多元化途径是购入专业领域不同的其他本地石化公司,以达到扩张和市场合理化的目的。台聚买下这些公司后,随即进行管理改革以改善获利能力,然后利用盈余去转投资与化学无关的服务公司。台聚最大的烦恼是全球化;它在菲律宾的生产设施由于当地的政治因素而无法扩张,西进中国大陆的计划仍卡在中国台湾当局的核准上。

② 工业技术研究院生物医学工程中心曾于2001年举办了一次国际研讨会,与会者是来自美国、澳大利亚、日本、中国内地、中国香港和中国台湾的24位专家学者。该研讨会(以及中国台湾商界人士和当局官员组成的美国生物科技产业访问团)的策略目标是,结合中国台湾卓有成效的信息技术与生物科技的发展,以生物芯片、生物资讯和生物医药为专长领域。

园区的设厂规定（特别是台南科学园区），已开始偏向生物科技厂商。这些厂商的研发支出，从绝对金额来看，仍远比不上如半导体业或光电业制造商，但其增长率更高（“国家科学委员会”，历年）。

后进经济体，不论是否出口导向，似乎非常容易受到主要先进经济体，尤其是美国的景气循环和高科技产品周期的影响。但是，已沿着上述路线完成产业升级的后进经济体，受到的冲击肯定最小，因为它们已积累了必要的本地组织架构、技能和政策，可以迅速进入新的产业。

参考文献

中文部分

台湾《工商时报》,2001/3/7。

工业技术研究院,历年,“经济部”产业技术资讯服务 ITIS(Industrial Technology Information Service)报告,web site: http:/www.itri.org.tw/services/news.html。

工业技术研究院,1997,《甲类关键零配件及产品计划——执行总报告》,“经济部技术处”委托,新竹,工业技术研究院关键零配件产品计划督导小组。

工业技术研究院产业经济与资讯服务中心,2000a,《2000年自行车产业综论》,“经济部技术处”委办 ITIS 计划,新竹,工业技术研究院。

工业技术研究院产业经济与资讯服务中心,2000b,《2000年平面显示器产业产品及应用趋势研究》,“经济部技术处”委办 ITIS 计划,新竹,工业技术研究院。

工业技术研究院产业经济与资讯服务中心,2000c,《“提升制造业合作竞争力推动计划”成果之评估与展望》,中卫发展中心委办,新竹,工业技术研究院。

工业技术研究院电子工业研究所,1994,《也有风雨也有晴——电子所二十年的轨迹》,新竹,工业技术研究院。

工业技术研究院机械工业研究所,1999a,《工作母机年鉴》,“经济部技术处”委办 ITIS 计划,新竹,工业技术研究院。

工业技术研究院机械工业研究所,1999b,《两岸自行车产业现况与互动专题研究》,2—70,“经济部技术处”委办 ITIS 计划,新竹,工业技术研究院。

“中华征信所”,2000 年,《20 世纪台湾风云企业,台湾地区大型企业排名 TOP 500,30 周年特辑》,台北,“中华征信所”。

“中华征信所”,历年,《台湾地区集团企业研究》,台北,“中华征信所”。

中卫发展中心,2001,《中心卫星工厂制度参考手册》,摘自 http://www.csd.org.tw/。

尹仲容,1963,《我对台湾经济的看法全集》,台北。

《天下杂志》,1999,《五十大集团调查总表》,《天下杂志》,第 220 期,9 月,216—230,台北,天下杂志社。

《天下杂志》,2001,《二刀流的武士才有前途》,《天下杂志》,第 237 期,2 月,44—50,台北,天下杂志社。

《天下杂志》,历年,《一千大特刊》,《天下杂志》,台北,天下杂志社。

文现深,1984,《打出缝衣机的江山》,《天下杂志》,第 34 期,3 月,123—127。

台湾经济研究院,1989,《自行车及零配件业发展策略研究报告》,工业局委托计划,台北,台经院。

左恒和,2001,《一线大厂必须过五关斩六将——外商在台湾的采购流程》,《财讯》,4 月,260—261。

“交通部高速铁路工程局”,历期,《高铁简讯》,第 53 期(2000/7/28),第 57 期(2000/12/3),第 59 期(2001/1/30),高铁局网页,http://www.hsr.gov.tw/。

“行政院主计处”,2001,http://www.dgbas.gov.tw。

“行政院经济部”,历年 c,《科技专案重要成果汇编》,台北,“经济部技术处”,网站:http: doit.moea.gov.tw。

“行政院经济部”,历年 d,《科技专案执行成果目录》,台北,“经济部技术处”。

“行政院经济部工业局”,历年,《工业发展年鉴》,台北,“经济部工业局”。

吴琬瑜,1995,《伸兴、中阳 上下游联手抢第一》,《天下杂志》,第 169 期,6 月,48—53。

李国鼎,1994,《台湾经济发展中的科技与人才》,国鼎丛书之三,南京,东南大学出版社。

沈嘉信,1999,《五十大集团争霸集团分殖强化母集团》,《天下杂志》,第 220 期,9 月,204—214,台北,天下杂志社。

政治大学公共行政中心,1999,《中卫计划执行成果研究(摘录)》,工业局委托,台北,政治大学公共行政中心。

《财讯》,2000,《财讯万用手册》,台北,财讯杂志社。

高立南,1992,《新银行幕后股东——浮上台面——单一财团主控新银行董监席位》,《财讯》,第119期,2月,185—188。

高立南、金崇远、曾嬿卿、周新权与段水云,1991,《新银行风云录》,《财讯》,第115期,10月,129—178。

康绿岛,1993,《李国鼎口述历史:话说台湾经验》,台北县,卓越文化出版。

张正一等,2001,《手机零件股大精选》,《e财讯》,3月,32—60。

张令慧,1992,《公司购并法律问题之研究》,东吴大学硕士论文。

张戌谊,1997,《夺标容易风险难扛》,《天下杂志》,第197期,10月,78—86。

张家玮等,2001,《中概股CEO世纪演讲会》,《今周刊》,7月8日,104—07。

陈宏烈,2001,《有中概股色彩又是奥运股》,《今周刊》,5月6日,116—120。

杨友仁,1998,《从新竹到台南——科学园区新兴工业与地方发展的政治经济学分析》,台湾大学建筑与城乡研究所硕士论文。

杨艾俐,1998,《IC教父张忠谋的策略传奇》,台北,天下杂志社。

杨艾俐,2000,《智行车筑梦天下》,《天下杂志》,第228期,5月,62—70。

《经济日报》,2000/6/13,2000/9/1,2000/11/28,2000/12/23,2000/7/23,2002/4/24,2002/12/2。

资策会资讯市场情报中心(MIC),1999,《个人电脑光盘机储存装置发展趋势分析》,"经济部技术处"委托ITIS计划,台北,资策会。

资策会资讯市场情报中心(MIC),历年,《资讯工业年鉴》,台北,资策会。

蔡玉真,2000,《"三P"黑马让尹衍梁无后顾之忧》,《今周刊》,8月20日,37。

卢智芳,1998,《华宇电脑大胆改造异军突起》,《天下杂志》,第210期,11月,108—114。

《联合报》,1997/9/1,第7版;1997/9/25,第3版;1986/2/27,第2版;2000/12/23;2002/2/18;2003/2/13。

瞿宛文、洪嘉瑜,2002,《自由化与企业集团化的趋势》,《台湾社会研究季刊》,第47期,9月,33—79。

魏锡铃,2001,《捷安特驰骋神州 巨大尝甜美果实》,《经济日报》,第11版,2月1日。

英文部分

Aitken, B., G. Hanson, et al., 1997. Spillovers, foreign investment and export behavior. *Journal of International Economics* 43: 103—132.

Akamatsu, K., 1961[1938]. A theory of unbalanced growth in the world economy. *Weltwirtschaftliches Archiv* 2.

Amsden, A. H., 1977. The division of labor is limited by the "type" of market: The Taiwanese machine tool industry. *World Development* (5): 217—234.

Amsden, A. H., 1985. "Taiwan's state and economic development". *Bringing the State Back.* In P. Evans, D. Rueschemeyer, and T. Skocpol, eds. NY: Cambridge University Press, pp. 78—106.

Amsden, A. H., 2001. *The Rise of "the Rest": Challenges to the West from Late-Industrializing Economies.* New York: Oxford University Press.

Amsden, A. H., and T. Hikino, 1994. Project execution capability, organizational know-how and conglomerate corporate growth in late industrialization. *Industrial and Corporate Change* 3(1): 111—147.

Amsden, A. H., and T. Tschang, 2003. A new approach to analyzing the level of R&D with examples from Singapore, *Research Policy* 32(4).

Bartoli, H., 1987. Proudhon, Pierre Joseph. *New Palgrave Dictionary of Economics*, vol. 3. J. Eatwell, P. Newman and M. Milgate, eds. London: Macmillan, pp. 1035—1036.

Beccatini, G., 1990. The Marshallian industrial district as a socio-economic notion. In *Industrial Districts and Inter-firm Cooperation in Italy*. G. Beccatini and W. Sengenberger, eds. Geneva: International Institute for Labour Studies, pp. 37—51.

Blomstrom, M., and A. Kokko, 1998. Foreign investment as a vehicle for international technology transfer. In *Creation and Transfer of Knowledge: Institutions and Incentives*. G. Barba Navaretti, P. Dasgupta, K.-G. Maler and D. Siniscalco, eds. Berlin: Springer, pp. 279—311.

Borrus, M. G., 1988. *Competing for Control: America's Stake in Microelectronics*. Cambridge, MA: Ballinger.

Cairncross, A. K., 1962. *Factors in Economic Development*. New York: Praeger.

Calderon, A., M. Mortimore, et al. 1995. *Mexico's Incorporation into the New Industrial Order*:

Foreign Investment as a Source of International Competitiveness. Santiago, Chile: Economic Commission for Latin America and the Caribbean.

Chandler Jr., A. D., 1977. *The Visible Hand: The Managerial Revolution in American Business*. Cambridge: Harvard University Press.

Chandler Jr., A. D., 1990. *Scale and Scope: The Dynamics of Industrial Capitalism*. Cambridge: Harvard University Press.

Chandler Jr., A. D., and T. Hikino, 1997. The large industrial enterprise and the dynamics of modern economic growth. In *Big Business and the Wealth of Nations*, A. D. J. Chandler, F. Amatori and T. Hikino, eds. Cambridge: Cambridge University Press, pp. 24—62.

Chang, C.-C., 1992. The development of Taiwan's personal computer industry. In *Taiwan's Enterprises in Global Perspective*. N. T. Wang, ed. Armonk, NY: M. E. Sharpe, pp. 193—214.

Chang, P.-L. and C.-T. Tsai, 2000. Evolution of technology development strategies for Taiwan's semiconductor industry: Formation of research consortia. *Industry and Innovation* 7(2): 185—197.

Chang, P. L., C. Shih, et al. 1994. The formation process of Taiwan's IC industry—method of technology transfer. *Technovation* 14(3): 161—171.

Chen, K. 2001. Rivals unite to form computer display giant, *Taipei Times* (March 14): 17.

Chou, T. L., and R. J. R. Kirby, 1998. Taiwan's electronics sector: Restructuring of form and space. *Competition and Change* 2(3): 331—358.

Chow, P. C. Y., ed., 2002. *Taiwan in the Global Economy: From an Agrarian Economy to an Exporter of High-Tech Products*. Westport, CT: Praeger.

Christensen, C., T. Craig, et al. 2001. The great disruption. *Foreign Affairs* 80(2): 80—95.

Chu, W.-W., 1994. Import substitution and export-led growth: A study of Taiwan's petrochemical industry. *World Development* 22(5): 781—794.

Chu, W.-W., 1997. Causes of growth: A study of Taiwan's bicycle industry. *Cambridge Journal of Economics* 21(1): 55—72.

Chu, W.-W., 1998. The effect of globalization and democratization on Taiwan's industrial policy. Sun Yat-Sen Institute for Social Sciences and Philosophy, Academia Sinica, Taipei.

Chu, W.-W., 2001. The development pattern of Taiwan's bicycle industry, in *Global Production and Trade in East Asia*, L. Cheng and H. Kierzkowski, eds. Norwell, MA: Kluwer Academic

Press, pp. 295—304.

Computer Industry Almanac, 8th ed. , 1996.

Culpan, T. , 2001. Far Eastone revenue growth 180%. *Taipei Times*. Taipei, (May 16): 18.

Daniel Burstein, 1984. The Asia micro pirates. *Datamation* (May 15).

Dedrick, J. , and K. L. Kraemer, 1998. *Asia's Computer Challenge: Threat or Opportunity for the United States and the World?* New York: Oxford University Press.

Fujita, M. , P. Krugman, et al. 1999. *The Spatial Economy: Cities, Regions, and International Trade*. Cambridge: MIT Press.

Gold, T. B. , 1988. Entrepreneurs, multinationals, and the state. In *Contending Approaches to the Political Economy of Taiwan*. E. A. Winckler and S. Greenhalgh, eds. Armonk, NY: M. E. Sharpe, pp. 175—205.

Golder, P. N. , and G. J. Tellis, 1993. Pioneer advantage: Marketing logic or marketing legend, *Journal of Marketing Research* 30(2): 158—170.

Goransson, B. 1993. Third world challengers on the international market for telecommunications equipment: A study of Brazil, India and South Korea. In *New Technologies and Global Restructuring: The Third World at a Crossroads*. C. Brundenius and B. Goransson, eds. London: Taylor Graham, pp. 224—250.

Hamilton, A. , 1913 [1791]. *Report on Manufactures*. Washington: Government Printing Office.

Hamilton, G. G. , ed. , 1991. *Business Networks and Economic Development in East and Southeast Asia*. Hong Kong: University of Hong Kong, Centre for Asian Studies.

Harvard Business School, 1993. *Acer Incorporated*. Boston: Harvard Business School.

Harvard Business School, 1994. *The Acer Group: Vision for the Year 2000*. Boston: Harvard Business School.

Hill, H. , 1989. *Foreign Investment and Industrialization in Indonesia*. Oxford: Oxford University Press.

Hou, C. -M. , 1965. *Foreign Investment and Economic Development in China*. Cambridge: Harvard University Press.

Humphrey, J. , and H. Schmitz, 1998. Trust and inter-firm relations in developing and transition economies, *Journal of Development Studies*, April, 34(4): 32—61.

Hymer, S. , 1976. *The International Operations of National Firms: A Study of Direct Foreign Invest-*

ment. Cambridge: MIT Press.

Kogut, B., and U. Zander, 1992. Knowledge of the firm, combinative capabilities, and the replication of technology, *Organization Science* 3(3): 383—397.

Ker, T., 2000. Compal denies rumor of Ericsson order, *Taipei Times*. 2000/12/12.

Lai, A. W., 1990. Management of Tainan Spinning Co., Ltd.: The development of Taiwan Textile Industry. New York: Columbia University, East Asian Studies Center.

Langlois, R. N., 1992. External economies and economic progress: The case of the microcomputer industry. *Business History Review* 66(1): 1—50.

Lee, J., 2001. Real estate investment in Taiwan: An examination of the recent opening of real estate markets to foreign entities. Department of Architecture, MIT.

Lee, T.-H., 1971. *Inter-Sectoral Capital Flows in the Development of Taiwan: 1895—1960*, Ithaca: Cornell University Press.

Lessard, D., (in press). *Global Taiwan*, Cambridge: MIT Press.

Levy, J. D., 1981. Diffusion of technology and patterns of international trade: The case of television receivers. Ph. D. dissertation, Economics Department, Yale University.

Lewis, W. A., 1954. Economic development with unlimited supplies of labour. *Manchester School of Economics and Social Studies* 22(May): 139—191.

Li, K. T., 1988. *The Evolution of Policy Behind Taiwan's Development Success*. New Haven: Yale University Press.

Lieberman, M. B., and D. B. Montgomery, 1988. First-mover advantages, *Strategic Management Journal* 9: 51—58.

Lieberman, M. B., and D. B. Montgomery, 1998. First-mover (dis) advantages: retrospective and link with the resource-based view, *Strategic Management Journal* 19: 1111—1125.

Lin, Y., 1986. Technological change: A microeconomic study of the consumer electronics industry in Taiwan. Ph. D. dissertation. Economics Department, Northwestern University.

Liu, P. K. C., Y.-C. Liu, et al., 1989. New technologies, industry and trade—the Taiwan experience. *Industry of Free China*(November): 7—24.

Mahmood, I. P., 1999, Technological innovation in Asia and the role of business groups, Ph. D. dissertation. Economics Department, Harvard University.

Marshall, A., 1949. *Principles of Economics*. London: Macmillan.

Mathews, J. A., 1997. The development and upgrading of manufacturing industries in Taiwan: Industrial Development Bureau, Ministry of Economic Affairs. *Industry and Innovation* 4(2): 277—302.

Mathews, J. A., and D. -S. Cho, 1998. Combinative capabilities and organizational learning: The case of the Korean semiconductor industry, *Journal of World Business* 34(2): 139—156.

Mathews, J. A., and D. -S. Cho, 2000. *Tiger Technology: The Creation of a Semiconductor Industry in East Asia.* Cambridge: Cambridge University Press.

Mathews, J. A. and C. C. Snow, 1998. A conversation with the Acer Group's Stan Shih on global strategy and management. *Organizational Dynamics* (Summer): 65—74.

Mourshed, M., 1999. Technology transfer dynamics: Lessons from the Egyptian and Indian pharmaceutical industries. Ph. D. dissertation. Department of Urban Studies and Planning, Massachusetts Institute of Technology.

Myers, R. C., 1972, *Education and Emigration: Study Abroad and the Migration of Human Resources*, NY: David McCay.

Neary, J. P., 2001. Of hype and hyperbolas: Introducing the new economic geography. *Journal of Economic Literature*, 39(2): 536—561.

Nikkei Weekly, 2001. IBM, Toshiba calling halt to LCD output. *Nikkei Weekly.* Tokyo: 9.

Nomura Securities, 2001. Proposal to issue the third generation mobile phone service license. Taipei: Council for Economic Planning and Development.

Numazaki, I., 1986. Networks of Taiwanese big business. *Modern China* 12(4): 487—534.

Numazaki, I., 1993. The Tainanbang: The rise and growth of a banana-bunch-shaped business group in Taiwan. *Developing Economies* 31(4): 485—510.

Okada, A., 1999. Skill formation and foreign investment in India's automobile industry. Ph. D. dissertation. Urban Study and Planning Department, Massachusetts Institute of Technology.

Ong, L., 2000. Delta Electronics Inc: A supply powerhouse. *Deutsche Bank Global Emerging Markets* (February 25): 68—77.

Ozawa, T., 1979. *Multinationalism Japanese Style: The Political Economy of Outward Dependency.* Princeton, NJ: Princeton University Press.

Piore, M., and C. Sabel, 1984. *The Second Industrial Divide.* NY: Basic Books.

Ranis, G. ed., 1992, *Taiwan: From Developing to Mature Economy*, Boulder: Westview.

Reid, T. R., 1984. *The Chip: How Two Americans Invented the Microchip and Launched a Revolution. NY: Random House.*

Ruttan, V. W., 2001. *Technology, Growth, and Development.* NY: Oxford University Press.

San, G., 1995. An overview of policy priorities for industrial development in Taiwan. *Journal of Industry Studies*, August, 2(1): 27—55.

Saxenian, A., and J.-Y. Hsu, 2001. The Silicon Valley-Hsinchu connection: Technical communities and industrial upgrading. *Industrial and Corporate Change* 10(4): 893—920.

Schak, D., 1999. The old gray mare she ain't what she used to be, working paper, School of International Business and Asian Studies, Griffith University, Australia.

Schive, C., 1978. Direct foreign investment, technology transfer and linkage effects: A case study of Taiwan. Ph. D. dissertation. Economics Department, Case Western Reserve, Cleveland.

Schive, C., 1990. *The Foreign Factor: The Multinational Corporation's Contribution to the Economic Modernization of the Republic of China.* Stanford, Stanford University Press for the Hoover Institution.

Schive, C., and D. Simon, 1986. Taiwan's informatics industry: The role of the state in the development of high-tech industry. In *National Policies for Developing High Technology Industries—International Comparisons.* F. W. Rushing and C. G. Brown, eds., Boulder: Westview.

Schumpeter, J. A., 1942. *Capitalism, Socialism and Democracy.* NY: Harper.

Taipei Times, 2001. Yageo upbeat after Flextronics order. *Taipei Times* (March 3): 17.

Taiwan, Council for Economic Planning and Development, various years. *Taiwan Statistical Data Book*, Taipei: CEPD.

Taiwan, Hsinchu Science-Based Industrial Park, 2001. Statute for the Establishment and Administration of Science-Based Industrial Park. web site http://www.sipa.gov.tw/en/seconde/administration/adm11000-01-90.htm

Taniura, T., 1989. Management in Taiwan: The case of the Formosa Plastics Group. *East Asian Cultural Studies*, 28(1—4): 63—69.

Thomson Financial Securities Data, March 28, 2001.

Thorbecke, E., and H. Wan, eds., 1999. *Taiwan's Development Experience: Lessons on Roles of Government and Market*, Boston: Kluwer.

United Nations Conference on Trade and Development, various years. *Commodity Trade Statistics*,

Series D. Geneva: UNCTAD.

United Nations Economic and Social Council, various years. *Statistical Yearbook.* Geneva: UNESCO.

United Nations Industrial Development Organization, various years. *International Yearbook of Industrial Statistics.* Geneva: UNIDO.

Vernon, R., 1966. International investment and international trade in the product life cycle. *Quarterly Journal of Economics* 80(May): 190—207.

Wade, R., 1990. *Governing the Market: Economic Theory and the Role of the Government in East Asian Industrialization.* Princeton: Princeton University Press.

Wang, L.-R., 1995. Taiwan's venture capital: Policies and impacts. *Journal of Industry Studies* 2(1): 83—94.

Wong, P.-K., 1999. The dynamics of HDD industry development in Singapore. Information Storage Industry Center, Graduate School of International Relations and Pacific Studies, University Of California, La Jolla, California.

Wong, P. K., and J. A. Matthews, 1998. Competing in the global flat panel display industry: Introduction. *Industry and Innovation* 5(1): 1—10.